JN336517

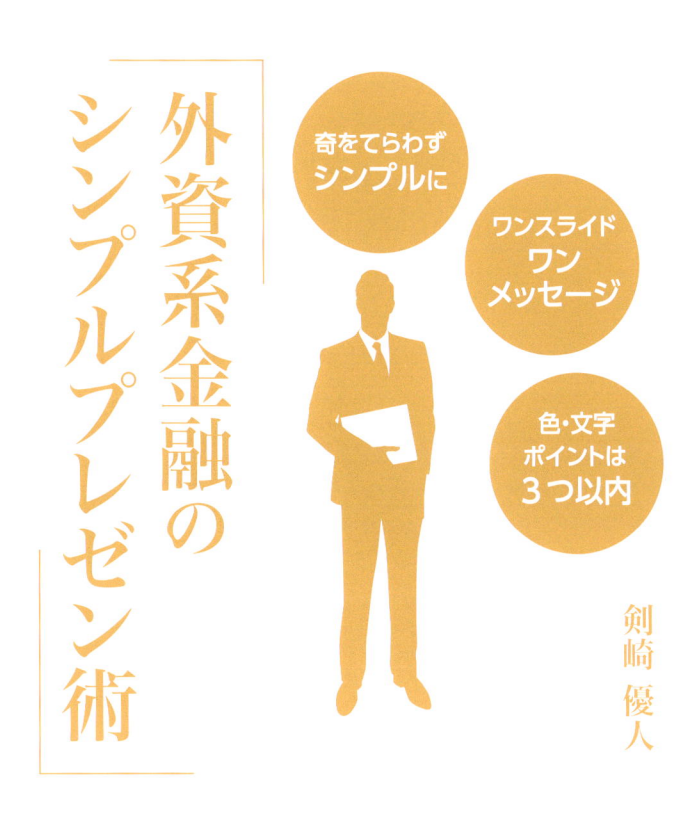

外資系金融のシンプルプレゼン術

奇をてらわず
シンプルに

ワンスライド
ワンメッセージ

色・文字
ポイントは
3つ以内

剣崎 優人

一般社団法人 **金融財政事情研究会**

はじめに

　プレゼンテーションの本が巷に溢れている。「長年、内外金融機関のIR（投資家向け情報提供）説明会をみてきた経験を生かしてプレゼンテーション指南書を書いてみませんか」と勧める編集者にそそのかされて、書店で何冊か手に取ってみたが、どれもむずかしそうな理論や抽象的なコンセプトの話ばかり。スライド資料例も、やたらと凝っている。
　とてもおしゃれである。けれども、実際に自分の仕事に使えるかと考えると、強い違和感を覚える。例示されているような、時間をかけてつくりこんだスライド資料をスティーブ・ジョブズやマイケル・サンデル教授ばりに駆使してプレゼンできたら、それは格好よいに違いない。けれども、そんな機会は、普通のビジネスパーソンの日常にいったいどれくらいあるだろうか。
　これらのプレゼン・ノウハウ本の著者略歴をみてみると、コンサルティング会社やセミナー会社、広告代理店の出身者が多い。
　なるほど。
　だが、タイトルにはそそられても、トップコンサルの著書や海外の翻訳本は、残念ながら日本のビジネスシーンの実態には必ずしもそぐわない。実務でそのまま真似たら、浮いてしまうどころか、顰蹙すら買いかねない。ドラマの世界のプレゼン術だ。
　われわれはプレゼン屋ではない。「丸の内や大手町、梅田や県庁で」働く普通のビジネスパーソンが共感できて活用できるような、本をつくりたい。それが本書執筆の動機だ。
　本書では、外資系金融機関のアナリストとして筆者が国内外一流企業のIR（投資家向け）説明会でみてきたプレゼン（思わず引き込まれるものもあれば、ダメダメのものもある）を教材に、限られたプレゼン時間で自分の会社、売り込みたい商品、サービスの魅力をしっかり伝え、聞き手のハートを掴むための骨法をお教えしたい。

外資系金融機関はプレゼン力が9割といわれる。外資系金融機関のバンカーやＲＭと呼ばれるセールスやアナリストは、最もシビアな目を持つ顧客企業の幹部、国内・海外の機関投資家、個人富裕層の信頼を獲得すべき、日々プレゼン力を鍛錬しており、そのスキルはおのずと洗練されている。
　筆者は現在、日本の超富裕層に投資環境をわかりやすく説明し、資産運用を提案する外資系金融機関のプライベートバンカーでもある。これまで長年にわたって外資系投資銀行のアナリストとして日本企業のIR情報に基づきクレジット分析を行い、その評価をタフな海外の機関投資家にプレゼンすることで、彼らの投資判断をサポートしてきたというバックグラウンドを併せ持つ。
　国内では、メガバンクや電機、電力、自動車産業、海運会社などの資金調達サイドと、生損保、年金、政府系金融機関など機関投資家サイドの両方と、年間延べ200社、約2000回以上、海外では、PIMCOやBlackRock、Fidelityなど、大手アセットマネジャーや生損保や銀行を中心に、延べ400回を超える面談を重ね、プレゼンをしたり、受けたりしてきた。そして、いま、国内の超富裕層顧客の信頼をつなぐべく、丁寧なプレゼンを積み重ねているところだ。
　外資系金融機関ならではの、スピードと正確性、信頼性を兼ね備えた、シンプルで実務に即したプレゼン術を紹介していきたい。
　なお、本書ではプレゼンの核ともいえるスライドのベストプラクティスとして、日本をそして世界を代表する多くの金融機関と事業会社の実例を紹介している。快く資料の転載承諾をいただいたこれら企業のパブリックリレーション関係者の方々にこの場を借りてあらためて御礼を申し上げる。

CONTENTS

準備編

第1章 なぜ外資系金融ではプレゼンが大切か
- 「外資系は一匹狼揃い」は嘘。協力しあっての成果主義 ……………… 2
- 「仕事」＝「営業力」＝「プレゼン力」 ……………………………… 3
- プレゼン力を評価される採用面接 ……………………………………… 4

第2章 プレゼンに臨む心構え
- プレゼンの目的と目標を明確にする …………………………………… 6
- 事前に出席者を入念にリサーチする …………………………………… 6
- 相手あってのプレゼン …………………………………………………… 7
- 凝ったプレゼンはむしろ胡散臭い ……………………………………… 8

第3章 スライドを用意する
- 「スライドへの感度を高める」 ………………………………………… 9
- 企業のIR資料は優れたスライドの宝庫 ……………………………… 10
- お気に入りのスライドを保存 ………………………………………… 14
- 最初に山盛りにして彫刻のように削る ……………………………… 14
- スライドの表紙はプレゼンの顔 ……………………………………… 14
- タイトルは具体的にかつ体言止めで ………………………………… 18
- 目次は最大5項目に …………………………………………………… 19
- ページ番号を必ず入れる ……………………………………………… 19
- 相手が知っている背景説明は不要 …………………………………… 20
- 構成はオーソドックスに20枚 ……………………………………… 20
- ポイントは最大3つ、できれば2つ ………………………………… 21
- 文章ではなく、体言止めで …………………………………………… 21
- 「ワンスライド・ワンメッセージ」 ………………………………… 25
- レインボーカラーではなく、同系3色で …………………………… 25

- ●文字サイズは3つ以内 ································· 29
- ●グラフは円、棒、線の3種類 ····················· 30
- ●チャートは参考資料向き ····························· 34
- ●見る人はみている継続性と統一性 ············· 35
- ●イメージ図（概念図）を活用する ············· 36
- ●空白部分・余白部分をあえてつくる ········· 38
- ●稟議書に使えるスライドを目指す ············· 38
- ●会社のコンプライアンスを確認する ········· 39
- ●最後のスライドもメッセージ ····················· 40
- ●手作業で製本 ··· 40
- ●スピーカーもプレゼンの一部 ····················· 43
- ●レジメンタル・タイは避ける ····················· 44
- ●スーツ姿を妥協しない ································· 45
- ●プレゼンのために靴を新調する ················· 45
- ●声を出して一人リハーサル ························· 46
- ●スライドにはプレゼンの時刻表 ················· 47
- ●早く寝ること ··· 47
- 🅲🅞🅛 サーモンピンクのニクイ奴 ············· 48

本番編

第4章 （社外の）顧客へのプレゼン・面談を極める
- ●夏の寒さ、冬の暑さに注意 ························· 52
- ●マイクの音量を事前チェック ····················· 52
- ●前置きは短く、本題に入ろう ····················· 52
- ●いきなり始まるプレゼン ····························· 55
- ●最初の掴みは気にしない ····························· 56
- ●冒頭3秒間の沈黙 ··· 57
- ●自己紹介はやっても2番目に ····················· 57
- ●プレゼンにジョークも小話もいらない ····· 57
- ●問いかけから入り、主題を共有 ················· 58

- ●大きい声ではなく深い声を出す ……………………………………………… 59
- ●身振り手振りを大切にする …………………………………………………… 59
- ●よその会社に「さん」付けは不要 …………………………………………… 59
- ●自分が聞きたくない話は相手にもしない …………………………………… 60
- ●「えー」「あのー」は極力避けて、歯切れよく ……………………………… 61
- ●クライマックスのスライドをめくる ………………………………………… 61
- ●わざと飛ばすスライドを入れておく ………………………………………… 61
- ●局面を打開するスーパーサブを出す ………………………………………… 62
- ●プレゼンを時間いっぱい使わない、ましてや延長は× …………………… 62
- ●クロージング・リマークと「ありがとう」 ………………………………… 63
- ●どんな質問や要望にも動揺しない …………………………………………… 64
- ●「ポイントは2つあります」といってから、考える ……………………… 65
- ●スライドをアップデートする ………………………………………………… 65
- ●想定外の事態は必ず起こるもの ……………………………………………… 66
- ●PC、プロジェクターはあてにしない ……………………………………… 66
- ●堂々と立ち、堂々と話す ……………………………………………………… 67
- ●新聞記事1枚でプレゼンする ………………………………………………… 67
- ●体調と気持ちをコントロールする …………………………………………… 67
- ●完璧と完成を求めない ………………………………………………………… 68
- ●キーパーソンをみながら話す ………………………………………………… 69
- ●超簡易版スライド1枚 ………………………………………………………… 69
- ●顧客のための面談 ……………………………………………………………… 70
- ●カバンを持っていかない ……………………………………………………… 71
- ●ペットボトルの水は直飲みがクール ………………………………………… 72

第5章　社内プレゼン・社内会議に勝つ

- ●ノートとペンは常に持ち歩く ………………………………………………… 73
- ●すぐ眠るからの脱却 …………………………………………………………… 73
- ●ホワイトボードを使いこなす ………………………………………………… 73
- ●会議の結論はその場で決める ………………………………………………… 74
- ●最上級顧客である上司にプレゼンする ……………………………………… 74
- ●報告は朝イチでする …………………………………………………………… 76

第6章　社内英語、海外プレゼンに強くなる

- ●冒頭、名刺交換も、天気話もしない……………………………………… 77
- ●プレゼンの中身で勝負 ……………………………………………………… 78
- ●あえて、帰り際に名刺交換する …………………………………………… 78
- ●海外のスライドとスピーチに萎縮しない ………………………………… 78
- ●海外企業のIR資料もスライドの宝庫 ……………………………………… 79
- ●スライド、レポートは名刺同様常に持ち歩く …………………………… 82
- ●「なんでもいってこい」を真に受けない ………………………………… 83
- ●勘違いエイゴを使わない …………………………………………………… 83
- ●エビデンス（根拠）を明確にする ………………………………………… 84
- ●郷に入れば郷に従え ………………………………………………………… 85
- ●7つのキーワード …………………………………………………………… 86
- 🔴🟠🔺 苦境から学ぶ ………………………………………………………… 88

準備編

第1章
なぜ外資系金融ではプレゼンが大切か

● 「外資系は一匹狼揃い」は嘘。協力しあっての成果主義

　外資系金融機関、特に投資銀行の多くが、丸の内や大手町、六本木などのオフィス街に東京オフィスを構えている。ゴールドマン・サックスやモルガンスタンレー、JPモルガン、メリルリンチ、シティといった米系や、ドイツ証券、UBS、バークレイズといった欧州系などだ。皆さんは、これら外資系投資銀行にどんなイメージをお持ちだろうか。超肉食系のみ生き残ることができる弱肉強食の世界。徹底した成果主義とある日突然のレイオフ。高額な報酬体系とハードワーク。まさに魑魅魍魎が跋扈する世界を想像されているかもしれない。

　一部は当たっているが、実際にはかなり異なる部分もある。徹底した収益重視、プロセスよりも結果が重視される世界であることは間違いない。ハードワークに見合った報酬と高い雇用流動性も特徴だ。

　一方で、筆者自身の経験からいえば、社内の人間の大部分は一匹オオカミ

■ 図表1-1　外資系金融機関のイメージと現実

外資系金融（イメージ）	外資系金融（現実）
一匹狼	チームプレーヤー
超肉食系	協調者
弱肉強食	収益重視
徹底した成果主義	結果重視
頻繁なレイオフ	高い雇用流動性
高額な報酬	ハードワーク
魑魅魍魎の世界	**チームワークの世界**

（出所）筆者作成

タイプではなく、チームプレーヤーで協調者だ。

　外資系金融機関だからといって、一人ですべての仕事を完結させ、成果を出せるわけではない。ましてや多種多様な国籍やバックグラウンドを持った社員で構成されるチームが、コンスタントに成果を出していくとなれば、なおさらだ。本気で同僚や他チーム、他部署の人たちと連携し、サポートしあい、アイデアを出しあう。

　真摯に協力しないと、自分も協力してもらえないから、皆、仲間のサポートに力を惜しまない。おざなりであったり、下心を持った協力では、すぐに見透かされる。自らの成果をあげるためには、本気で同僚やチームをサポートすることが必要だ。その際に、パワーポイント等でつくったスライドを利用したプレゼンが、重要な役割を果たすことになる。

● 「仕事」＝「営業力」＝「プレゼン力」

　そして何よりも外資系金融機関で働くすべての社員は、常に「営業力」を意識し、その最大限の発揮を求められている。企画や総務、事務、システム、人事、管理、審査、広報、リサーチといった非営業部門に所属しているビジネスパーソンであっても常に稼ぐことを意識させられている。たとえば、証券会社のアナリストは、単に企業の決算説明会に出席し、決算数値を

■ 図表1-2　仕事とはプレゼン力

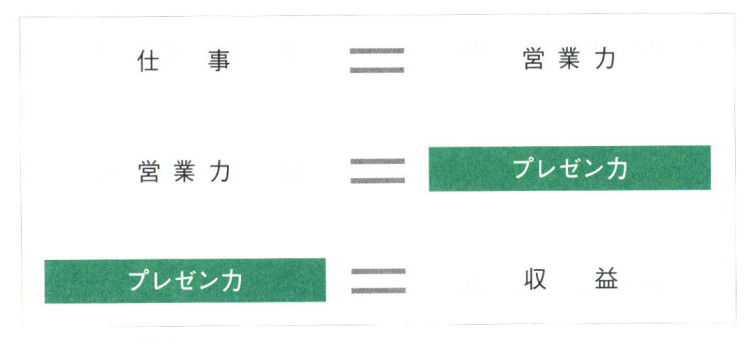

仕　事	＝	営 業 力
営 業 力	＝	プレゼン力
プレゼン力	＝	収　益

（出所）　筆者作成

分析しレポートを書いていればよい、というわけではない。積極的に顧客に会い、セールスと帯同訪問する、メディアに売り込む、といった営業マインドが必須である。

社内業務も立派な営業活動だ。どの部門でどんな仕事をしていても、自分の顧客は誰か、依頼主は誰か、スポンサーは誰か、を常に意識し営業マインドを持って業務に取り組まなければ会社は回らない。

そして、営業力とは何か、といえば、それは「プレゼン力」にほかならないのである。

●プレゼン力を評価される採用面接

もしあなたが外資系金融機関の求人に応募するとしたら、募集部門と人事部門の管理職だけではなく、さまざまな職階や部署の人たちと何度も面談を重ねることになるはずだ。これは面談を通じて、履歴書や職務経歴書からはわかりにくい、「同じ職場のプロの仲間として働きたいか」「顧客対応はうまくできそうか」「同じ収益目標や経営目標に一緒に向かっていけるか」を複眼的に見極めるためだが、そこで問われているのが、プレゼン力である。どんなに優れたアイデアやスキルを持つ人でも、それを的確に相手に伝えられる力(プレゼン力)がなければ、営業力が求められる職場では使い物にならないからだ。

それは何も外資系金融機関に限らない。昔ながらの年功序列が幅をきかせ、結果よりもプロセスを大事にしてくれるような、いまどきの会社は別にして、いまや、一生懸命やっていればよい、夜遅くまで残業してがんばっていたらきっと誰かがみていてくれる、という時代ではない。自分のがんばりやアイデアがいかに顧客の役に立ち、会社の収益や業務に貢献するのか、しっかり周囲にアピール(プレゼン)し、認められてはじめて、個人の業績になるのだ。

このいたって合理的な構図が徹底されているのが外資系なのである。新商品・サービスの発表会、決算説明会、海外の投資家訪問、お詫び会見を含む

プレス対応から日々の顧客面談まで、そして社内では採用面接、会議、業績評価……まさにプレゼン力＝仕事であり、営業力であり、そして成績や成果、利益や収益に直結していることを各自が意識しているし、事実、直結している。

特に、外資系金融機関のバンカーやRM、アナリストは、最もシビアな目を持つ顧客企業の幹部、国内・海外の機関投資家、個人富裕層の信頼を獲得すべく、日々プレゼン力を鍛練している。そこでの仕事は、プレゼン力で9割が決まるといっても過言でなく、そのスキルは、とても実践的で、かつ洗練されている。

といって彼らのプレゼンテーションのすべてが、わざわざプロのデザイナーにスライドのデザインを依頼したり、映像や音響を駆使した凝ったものであるわけではない。グローバル企業のホームページサイトから、実際にIR説明会で使われたスライドをダウンロードしてみよう。なかにはビジュアルに凝ったものもあるが、ほとんどがむしろシンプルで、主張だけがポンと目に飛びこんでくるスライドが多い。筆者が外資系金融機関で自然に学び自らのプレゼンで徹底しているのは、「奇をてらわず、シンプルに」「ワンスライド・ワンメッセージ」「色・文字・ポイントは3つ以内」という、誰でもすぐにも実践できる、ごく簡単な3つの原則だ。

本書ではこの3つの原則がいかに有効かを事例をもとに説明していくが、まずは、その前にプレゼンに臨む心構えから考えていこう。

■ 図表1-3　外資系金融のシンプル・プレゼン3原則

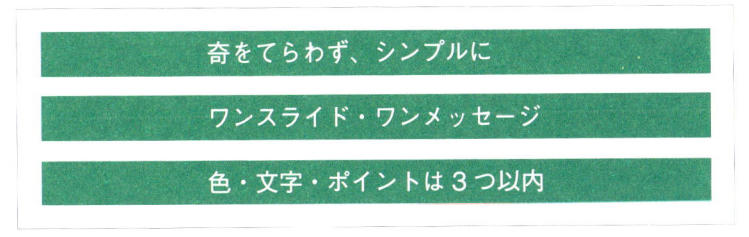

奇をてらわず、シンプルに
ワンスライド・ワンメッセージ
色・文字・ポイントは3つ以内

（出所）　筆者作成

第2章
プレゼンに臨む心構え

● プレゼンの目的と目標を明確にする

　プレゼンする本人が目的と目標を自覚していないのに、相手がそれを理解できるはずがない。

　主目的は何？　新商品Aを売ること、新サービスBを理解してもらうこと、C案の承認をもらうことなど。仕事もプレゼンもすべてニーズありき。自分がどんなに話したい、示したいと思っても、相手からのニーズがないと成立しない。相手に何を伝えたいか、何を知ってもらいたいか、常に意識してプレゼンの構成を描き、スライドを作成する。1つだけ伝えるとしたら何か、相手は何を求めているのか、両者の思いが合致したとき、プレゼンの成果も実る。

● 事前に出席者を入念にリサーチする

　「敵を知り、己を知れば、百戦危うからず」とは孫子の兵法だが、プレゼンに先立ち、事前に出席者の属性とどんな話を聞きたいかをできるだけ詳しくリサーチしておくことは、非常に大切だ。

　何人ぐらいで、その男女比は？　管理職か若手向か、役員は参加するのか否か。セールスか企画部門か、テーマの理解度は……etc。出席者が明確であればあるほど、当日のプレゼンをイメージしやすく、スライドも格段につくりやすくなる。格好をつけずに、窓口の担当者を通して、できる限り情報収集しておきたい。

　筆者はある大手銀行にて、研修のスピーカーをしたことがある。休日を利用した本部での研修で、同一テーマについて、管理職向けと若手向けの二部構成で、3時間×2の合計6時間のプレゼン。事前に先方担当者（人事部）と何度も打ち合わせをし、年齢構成や男女比はもとより主催者である人事部

準備編

サイドのねらい、管理職に伝えてほしいこと、若手に望むこと、テーマへの理解度などを教えてもらい、プレゼンに臨んだ。こうした事前準備を生かして、スライドとスピーチ内容を、管理職向けと若手向けでそれぞれ調整した結果、出席者、主催者双方に満足してもらえるプレゼンができた。

●相手あってのプレゼン

　プレゼンは、自社の商品やサービス（前述の研修講師もその一部）、あるいは自分自身を売り込むものだが、どんな場合でも自分の目的だけ達成しようとしてもその意欲は空回りするだけだ。プレゼンを聞くために時間を割いてくれる相手が自分に期待することは何かを見極め、自分の目的達成よりもむしろ相手のためのプレゼンをすることが結果的にWin-Winの関係につなげることができる。相手のためのプレゼン。ここはきわめて重要なポイントだ。

　プレゼンで何を話したいかではなく、相手がプレゼンで望んでいることを話す、解決策を示す。

　自分の意見でなく、相手が何を求めているのか、望んでいるのか、求めている意見を考える。自分の相場観や意見をべらべらしゃべり、相手の意見を否定し自説への宗旨替えを迫るようなプレゼンを見聞きすることがあるが、

■ 図表2-1　相手あってのプレゼン

相手の要望	＝	プレゼン
相手の目的	＝	プレゼン
当方の目的	≠	プレゼン

（出所）　筆者作成

これはプレゼンではない。相手の考えに寄り添い、決断や導入の最後の背中の一押しとなるのが、一握りのカリスマならぬわれわれ一般のビジネスパーソンが果たすべきプレゼンの使命だ。

事前に相手が大切にしているものを知り、理解する。相手の立場に立つ。相手と同じ土俵に立つ。相手の考えや方針に寄り添う。

誰に対して話すものか。相手はどんな結論や成果を望んでいるのか。相手が何を求めているのか。たとえば、よい運用商品を知りたいのか、相場観を確認したいのか、相手の知識、関心、レベルを把握する、プレゼンを準備し臨みたい。何のためのプレゼンか。何が目的？　相手はどう思うか？　これらを常に意識したい。

● 凝ったプレゼンはむしろ胡散臭い

派手さや奇をてらうのではなく、オーソドックスでよいから、正確、誠実で実直、細部まで相手への気配りをきかせたスライドづくりを心がけたい。

凝ったプレゼンはむしろ胡散臭い印象を与えるリスクがある。小難しい理論や抽象的なコンセプト、あるいは不必要に高度技法など、われわれのプレゼンには不要だ。日本のビジネスシーンにおいては、実務でそのまま取り入れたら、浮いてしまうどころか、顰蹙すら買いかねない。ドラマの世界のプレゼン術だ。

「奇をてらわず、シンプルに」が鉄則だ。

第3章
スライドを用意する

● 「スライドへの感度を高める」
　① 気楽なラフスケッチから
　スライドづくりは、ひとまずコンセプトとか、形式とか面倒そうなことは横に置いて、まずはラフに走り書きしてみよう。お気に入りのノート（筆者はRHODIAを愛用している）を一冊用意して、紙に手書きで思いを、アイデアを書き出そう、ぐるぐる、ぐちゃぐちゃのラフスケッチでよい。手を動かすことだ。
　メモをする、ランダムに書く。備忘録でもよい、アウトルックで下書き保存する、スマートフォンのメモで下書き保存する、ストーリーボード風に書くのもよい。ラフスケッチを始めよう。
　② 書店に通いトレンドを感じる
　プレゼンのテーマに関連する資料をWeb上で探してもよいが、基本は書店だ。自分で書店に足を運び、店内を歩いてみる。関連書があるコーナーを見回し、片っ端から手に取ってみる。日頃から新聞や関連雑誌に目を通し情報収集するとともに、問題意識を持つこともベースになる。書店に通うことで、社会やビジネスのトレンドを感じとろう。
　③ 経済紙誌はヒントの宝庫
　英国の経済紙『Financial Times』（FT）はプレゼンのすばらしい教科書だ。タイトルや記事本文の表現もさることながら、図表、チャート（表）の使い方が秀逸で非常に参考になる。だまされたと思って一度手に入れて読んでみてほしい。明らかに日本の新聞や米国の新聞とは違うはずだ。
　また、やはり英国の経済雑誌『The Economist』や日本の『週刊ダイヤモンド』『週刊東洋経済』の特集記事のレイアウトと、グラフィックスや図表・チャートにも洗練されたものが多いので、参考にしたい。

●企業のIR資料は優れたスライドの宝庫

　上場企業の会社説明会資料は、スライド作成におけるアイデアやデザイン、構成の宝庫だ。各社のホームページのTOPページから「株主・投資家の皆様へ」→「IR資料室」と進むと、会社説明会資料（IRプレゼンテーション資料）が四半期ごとにラインナップされている。

　会社説明会資料がない企業もまれにある一方で、機関投資家向けだけでなく、個人投資家向けや英語版の会社説明会資料や決算説明会資料を用意している企業もある。なかには、中期経営計画やカンファレンスやテーマ別のプレゼンテーション資料を公開している企業もあるので、こちらも参考にしたい。

　気になる企業、自分が関連する業界の企業、ライバル企業などから始めて、主要各企業の直近のIRプレゼン資料（決算説明資料や会社説明会資料）を見比べてみよう。そのなかから、①デザインの統一感　②カラーリング　③文字フォント　④メッセージ力　⑤わかりやすさ等から独断で「さすがこの会社はAAA」「ここも悪くないけど、ちょっとデザインがうるさいからA」などと勝手格付けしたうえで、"高格付企業"のセンスを自分のスライドづくりに拝借するのだ。

　グローバルかつ洗練されたブランド・イメージの一流企業のプレゼンテーション資料が、さすがイメージどおり洗練されているとは限らない。意外と地味だったりしておもしろい。

　これから、筆者が選んだ洗練されたプレゼンテーション資料を紹介していく。まず、筆頭にあげたいのが、ソフトバンクだ。同社のスライドの"凄み"は他の日本企業の追随を許さないと筆者は思う（図表3－1）。

　まず、「ワンスライド・ワンメッセージ」という基本がしっかり押さえられている。吟味され洗練され研ぎ澄まされているがゆえに、われわれがそのまま活用できる部分は少ないかもしれないが、AAAレベルのスライドを実際にみて、優れた部分を体感してほしい。

　NTTドコモ（図表3－2）とKDDI（図表3－3）の両社も多くのページが後述する「ワンスライド・ワンメッセージ」ルールを遵守したインパクトあ

るスライドとなっている。ソフトバンクとあわせて、通信業界の先進性はスライドからも感じられる。

一方、楽天（図表3－4）は、データと事業戦略のメッセージがうまく伝えられているスライドが多い。また、JT（日本たばこ産業）（図表3－5）は、コーポレートカラーを生かしながら、シンプルで希求力あるスライドに仕上がっている。

パナソニックや日産自動車も、グローバルで多様な商品ラインナップやビジネスモデルを、コンパクトにわかりやすくスライドにまとめており、IRプレゼンテーション資料を参考にしたい。

そのほかにも、オリックス、トヨタ、シャープ、日本板硝子、資生堂、三菱地所のスライドも一度みておいてほしい。オリックスのスライドは、派手さはないが、統一感があり、かつ継続性もある。淡々とまとまっていて見やすい印象がある。

三菱地所では、カラーリングやレイアウトの統一性、ページタイトルなどに改善余地があるものの、「ワンスライド・ワンメッセージ」ルールが守られており、シンプルでよい。

■ 図表3－1　スライドの宝庫～ソフトバンク

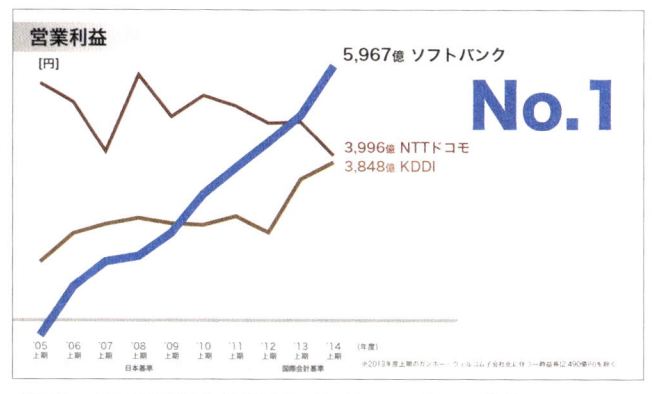

（出所）　2014年度2Q決算説明会プレゼンテーション資料

■ 図表3-2　スライドの宝庫～NTTドコモ

（出所）　2014年度2Q決算説明資料

■ 図表3-3　スライドの宝庫～KDDI

（出所）　2014年度2Q決算説明会プレゼンテーション資料

準備編

■ 図表3-4　スライドの宝庫～楽天

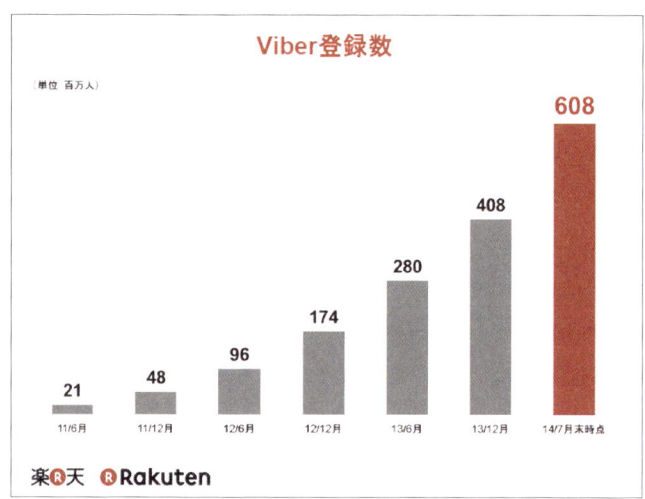

Viber登録数

(単位　百万人)

時点	登録数
11/6月	21
11/12月	48
12/6月	96
12/12月	174
13/6月	280
13/12月	408
14/7月末時点	608

楽天　Rakuten

（出所）　2014年度2Qスライド資料

■ 図表3-5　スライドの宝庫～JT

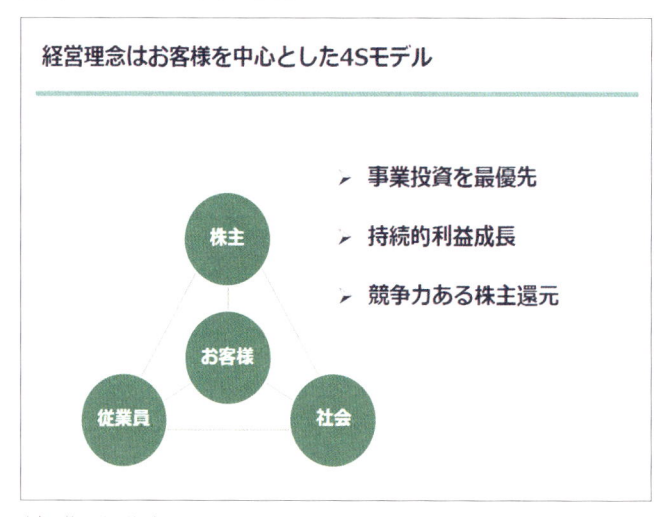

経営理念はお客様を中心とした4Sモデル

- 株主
- お客様
- 従業員
- 社会

➢ 事業投資を最優先
➢ 持続的利益成長
➢ 競争力ある株主還元

（出所）　経営計画2014

第3章　スライドを用意する　■　13

● お気に入りのスライドを保存

　企業のIRプレゼン資料、FTや経済雑誌で見つけた活用できそうなデータやネタは、常に、ストックしておこう。サイトならお気に入りに保存、新聞や雑誌なら切り抜く、スキャンする、読書やアイデアならメモしておくなど、インプット量が、アウトプット量に比例する。そして、気に入ったスライドを真似してみよう。できる先輩、尊敬する上司のプレゼンのよいところもどしどし盗もう。

　英語の気に入った言い回しもつど保存しておく。ノートでもメモ帳でもスマホのメモ機能でもアウトルックの下書きでもどこでもよいので、必ずメモして、数字を書き留めることを習慣としたい。

● 最初に山盛りにして彫刻のように削る

　これら集めた情報やラフスケッチしたメモをもとに、スライドを構成していこう。まずは紙に書いてもよいし、いきなりパワーポイントで下書きを始めてもよい。どちらでも自由だ。いまや情報を集めること以上に大切なのが、情報を絞り、捨てる作業だ。最初に山盛りにして彫刻のように削る。取捨選択こそ大切だ。最後まで生き残ったスライドでプレゼンに挑む。

● スライドの表紙はプレゼンの顔

　プレゼンの受け手が配られた資料を手にしたとき、真っ先に目に入るのは表紙のスライドだ。初対面の人との第一印象が最初の1秒で決まるように、スライドの第一印象も、最初の1秒で決まる。

　実際、スライドの中身はオーソドックスなのに、表紙のデザインやインパクト、メッセージ性に力を入れている企業も多い。コーポレートカラーや写真をうまくあしらった表紙にインパクトがあれば、その中身にもプレゼン自体への期待度は自然に高まる。

　図表3－6のマツダのスライド表紙は、カラー写真が効果的に使用しており、インパクトも絶大。現在のマツダ車のデザイン力、企業の勢いがよくあ

準備編

わられている。

　図表3－7と図表3－8は、コーポレートカラーとコポーレート・ロゴをうまく生かし、オーソドックスながら、一目でバンカメ、IBMのプレゼン資料だとわかる表紙に仕上げられている。

　日本の金融機関では、みずほフィナンシャルグループ（みずほFG）のスライド表紙は、シンプルで奇をてらうことのないデザインながら、コーポレートカラーでまとめ、新たな事業戦略を進める力強さが伝わってくる（図表3－9）。

　横浜銀行は、数年前から明確なブランド戦略を確立し、折にふれて展開している。図表3－10のスライド表紙では、左上に船の前方正面を見上げたブランドシンボルが配されている。表紙だけでなく本文も、コーポレートカラーである濃淡ある2色のブルーで彩られている。

　図表3－11のセブン銀行は、右下のコーポレート・ロゴを配しただけのシンプルな構成ながら、コーポレートカラーを生かしたスライド表紙からは誠

■ 図表3－6　スライドの表紙～マツダ

（出所）　2013年年度決算説明会プレゼンテーション資料

■ 図表3-7　スライドの表紙〜Bank of America

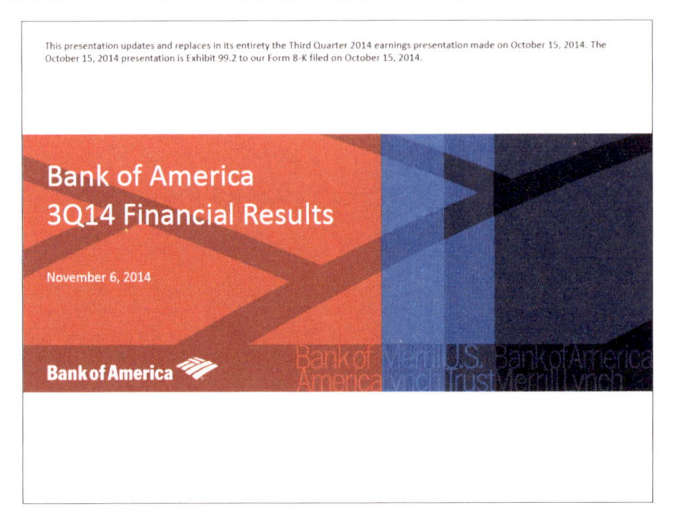

（出所）　3Q 2014 Earnings Presentation

■ 図表3-8　スライドの表紙〜IBM

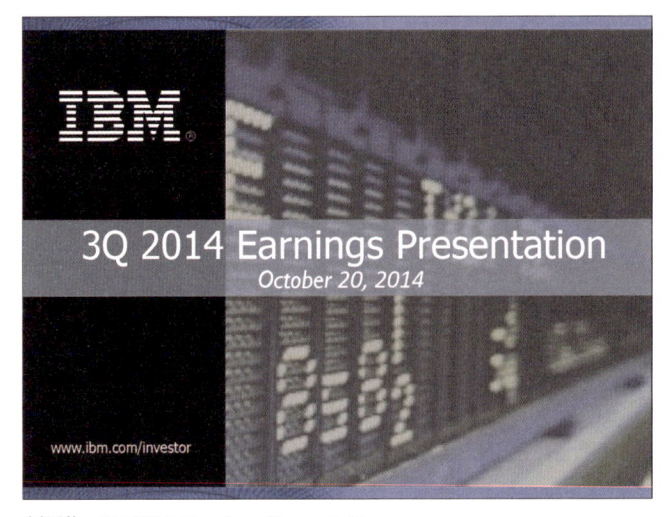

（出所）　3Q 2014 Earnings Presentation

■ 図表3-9　スライドの表紙〜みずほフィナンシャルグループ

(出所)　部門別事業戦略説明会"Mizuho IR Day 2014"

■ 図表3-10　スライドの表紙〜横浜銀行

(出所)　2014年2Qインフォメーションミーティング

第3章　スライドを用意する　■　17

実さが伝わる。背景の白地面積を多くとることに加え、絶妙な配置とサイズで一目でセブン銀行のスライドとわかる。

● タイトルは具体的にかつ体言止めで

　スライドのメインタイトルは重要だ。スライドのタイトルはイコール、プレゼンのタイトルでもある。スライドの内容を丁寧に説明するのではなく、プレゼンの目的であるいちばん伝えたいメッセージをメインタイトルとする。たとえば、「データベース導入について」ではなく「データベース導入による収益拡大」とする。「分散投資のご提案」ではなく「REITによる分散投資の効果」だ。「A社との業務提携の件」ではなく「業務提携による営業効果〜A社のケース」とするなど、具体的にかつ、タイトルを体言止めにし、インパクトを意識して工夫したい。

　また、各ページのスライド上段にページタイトルをつけるのも忘れずに。スライドの目的や効果をページタイトルとし、体言止めやインパクトを意識

■ 図表3-11　スライドの表紙〜セブン銀行

平成26年3月期決算説明資料

平成26年5月
株式会社セブン銀行

（出所）　2013年度決算説明会資料

するのはスライドのメインタイトルと同じだ。

● 目次は最大 5 項目に

目次はスライド全体で少量であれば、なくてもよい。載せる場合は、目次や中扉は分量やプレゼン内容にあわせ臨機応変に設定し、目次でプレゼンの流れが把握できるよう作成したい。目次はせいぜい 5 項目にまとめたい。目次の代わりに、冒頭に要旨を 3 項目示すでもよい。

● ページ番号を必ず入れる

各スライドにノンブル（ページ番号）を挿入することを忘れないこと。相手のためであり、自身のためでもある。

ページ番号はスライド右下が定位置。ページ番号がないと、説明や質疑応答の際に非常に不便なことになる。だからといって、話のなかで、次のスライドに進むごとに「次のページをご覧ください」といわない。スライドと説明が連動してスムーズに展開している場合には、その流れをいったん断ち切ってしまう。スライドの説明が順番どおりに進み、聞き手が迷子になっていない限り、不要な一言だ。

■ 図表 3-12 「一般的タイトル」と「具体的タイトル」

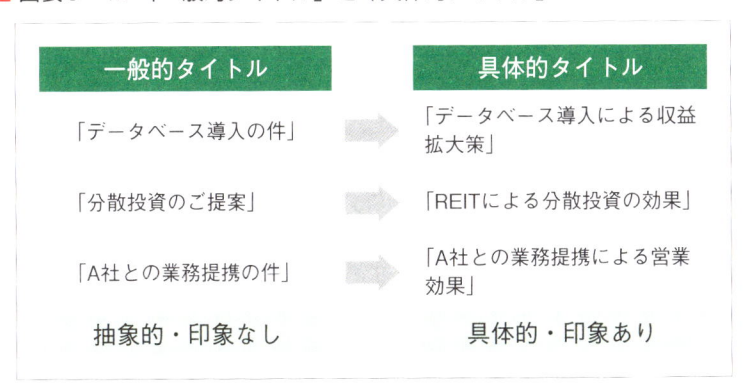

一般的タイトル	具体的タイトル
「データベース導入の件」	「データベース導入による収益拡大策」
「分散投資のご提案」	「REITによる分散投資の効果」
「A社との業務提携の件」	「A社との業務提携による営業効果」
抽象的・印象なし	具体的・印象あり

（出所）　筆者作成

● 相手が知っている背景説明は不要

　スライドは極力コンパクトに抑えたい。概して、冒頭のイントロダクションの部分が長くなりがちだ。過去の経緯や背景説明、歴史、経歴、マーケティング情報、マクロ状況など、事前にリサーチした相手の情報量を踏まえ、当然知っているはずの事項をくどくど説明する必要はない。たとえば、金融業界であれば、アナリスト相手のプレゼンに「少子高齢化」や「リーマンショックの影響」といった定番の枕詞を使った現状の説明スライドは無駄でしかない。即本題に入るかたちでよい。

● 構成はオーソドックスに20枚

　スライドを構成する内容は、表紙、目次、概略、本題、結論、参考資料、ディスクレーマーに分けられる。起承転結を意識しつつ、オーソドックスな構成でよく、奇をてらう必要はない。具体的なメインタイトルを含む表紙、目次に各1枚、概略に1枚。本題には10枚、結論に1枚。参考資料は5枚に、最後にディスクレーマーに1枚で合計20枚となる。

　英文スライドの場合も、Cover、Contents、Overview（またはHighlights）、Main subject、Conclusion、Appendix、Disclaimerのオーソドックスな構成

■ 図表3-13　スライドの構成枚数（和文・英文）

スライドA（和文）		スライドB（英文）	
表　　紙	1	Cover	1
目　　次	1	Contents	1
概　　略	1	Overview	1
本　　題	10	Main subject	10
結　　論	1	Conclusion	1
参考資料	5	Appendix	5
ディスクレーマー	1	Disclaimer	1
合計	20	Total	20

（出所）　筆者作成

でよく、和文同様に、合計20枚となる。

　プレゼン時間やプレゼン内容にもよるが、スライドの標準枚数は20枚をお勧めしたい。

　なお、1枚のスライドは、視線の流れに沿って、上から下へ、左から右へ、が大原則。凝りすぎたり、複雑につくりこむのではなく、シンプルにつくるほうが、結果的に効果がある。「奇をてらわず、シンプルに」だ。

●ポイントは最大３つ、できれば２つ

　「ポイントは３つあります」「なぜなら、３つの理由があります」と、伝えたいことを３点あげるのは、よく知られているプレゼンのコツ。しかし、できれば２つにしたい。そのほうがより、シンプルであり、相手の記憶に残り、伝わる。

　「ポイントは２つあります」「２つの要因があります」とは、最初はなかなか絞り込めないかもしれないが、ぜひトライしてみてほしい。スライドのポイントを必ず３つ、できれば２つに絞ることでより明快にインパクトを残せるはずだ。

　図表３−14の楽天は、メインポイント２つに対して、サブポイント（３＋２）の組合せだ。世界的な家庭用品メーカーのIR資料をもとに筆者が作成した図表３−15と図表３−16のソフトバンクのスライドには、いずれもシンプルでかつ強い訴求力がある。

●文章ではなく、体言止めで

　スライドは、文章を羅列するものではない。いかに相手にとって見やすいか、理解しやすいか、印象づけるかの観点から考えれば、できるだけ短く、シンプルに、それでいてインパクトあるものを目指すことになる。

　英語と同じ論理展開を意識するのも一考だ。すなわち、conclusion（結論）から先に書く。並び方を変えることで、言葉が強調され文字数も減らせる。

■ 図表3-14　ポイントはできれば2つ～楽天

1. 既存事業のオペレーション改善
   - Project V4：費用の最適化（KKP）
   - コストコントロールによりKoboの損益が改善
   - ビジネスモデルの変更（Wuaki, トラベル中国事業）

2. 更なる加速へ
   - EC事業グローバル IT プラットフォーム統一（RMSg）
   - ノウハウの横展開

楽Ⓡ天　ⓇRakuten

（出所）　2014年度2Qスライド資料

■ 図表3-15　ポイントは最大3つ

成長への3つのキードライバー
- 選択と集中
- 生産性向上
- イノベーション

（出所）　筆者作成

■ 図表3－16　ポイントは最大3つ～ソフトバンク

> ハイライト
> 1. 売上高 4兆円超
> 2. 純利益 37％増

（出所）　2014年度2Q決算説明会プレゼンテーション資料

　単語だけ置く。文章の場合もできるだけ短く、体言止めも有効に使う。接続詞に頼らない。当然、内容も断定的に。スライドでは、レポートや論文の親切丁寧な書き方を忘れ、シンプルかつ、思い切った割切りが必要だ。
　そのためにも、スライドの文字数はできるだけ少なくしたい。1スライド当りの情報を、本当に大事なメッセージだけに、極力抑える。
　図表3－17のNTTドコモのスライドは、長くなりがちな説明内容を最小限に、かつ的確に1スライドにまとめている。エイベックス・グループHDのスライド（図表3－18）は、棒グラフとあわせて、体言止めや単語表記が使われており、見やすい。ソフトバンクのスライド（図表3－19）は、まさに体言止めで一言。メッセージがずばり伝わってくる。この「文章ではなく体言止めで」は、前述した「ポイントは3点以内」と同様に、プレゼン・スライドをより希求力あるものに変える。

■ 図表3-17　文章ではなく、体言止めで～NTTドコモ

> **上期決算　まとめ**
>
> - 新料金プランが好評
>   - 純増数・MNP・解約率等が改善
>   - 販売費用を継続的にコントロール
>   - 減収影響が先行したが、徐々に緩和
> - 新領域事業は順調に成長
> - LTEネットワークの強化は計画通りに進展

（出所）　2014年度2Q決算説明資料

■ 図表3-18　文章ではなく、体言止めで
　　　　　　～エイベックス・グループHD

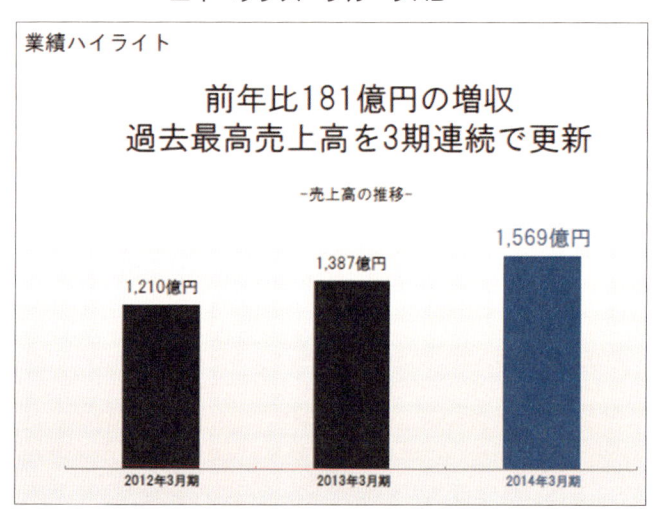

業績ハイライト

前年比181億円の増収
過去最高売上高を3期連続で更新

-売上高の推移-

- 2012年3月期：1,210億円
- 2013年3月期：1,387億円
- 2014年3月期：1,569億円

（出所）　2014年3月期連結業績説明資料

■ 図表3-19　文章ではなく、体言止めで～ソフトバンク

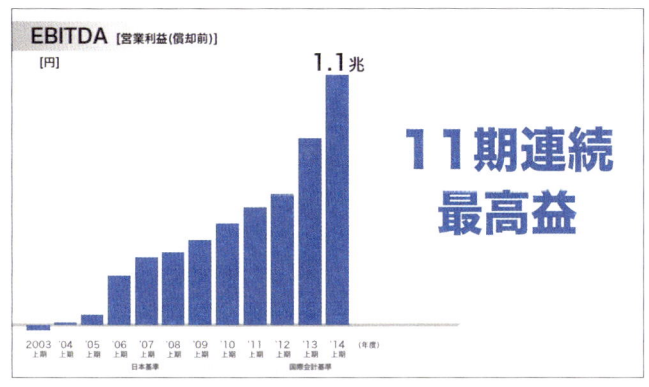

EBITDA [営業利益(償却前)]
[円]
1.1兆
11期連続
最高益

2003上期 '04上期 '05上期 '06上期 '07上期 '08上期 '09上期 '10上期 '11上期 '12上期 '13上期 '14上期 (年度)
日本基準　　　　　　　　　　　　　　国際会計基準

（出所）　2014年度2Q決算説明会プレゼンテーション資料

● 「ワンスライド・ワンメッセージ」

　ところが、いまだにこの鉄則が守られていない企業が驚くほど多い。わが国上場企業の決算説明会資料に限っても、ほとんどすべての企業でできていない。徹底されているのは、ソフトバンク、日本板硝子、三菱地所などごくわずかだ。資料集的な目的ではないスライドは、「ワンスライド・ワンメッセージ」を目指そう。

　この大原則ができているか、いないかで、スライドの見え方はまったく違ってくる。また、無駄な情報を削り、本当に伝えたいメッセージに絞ることで、自らの考えや主張もより明確になってくるはずだ。大半の企業や個人が取り入れていないいまこそ、「ワンスライド・ワンメッセージ」でライバルに差をつけたい。

　図表3-20のダイムラー、図表3-21のソフトバンクのスライドを参考にしてほしい。

● レインボーカラーではなく、同系3色で

　スライドでの配色は大切だ。ただし何色も使うレインボーカラーは煩雑に

みえるので、注意が必要だ。

　基本は明るい色から濃い色のグラデーションで対応する。青色系のグラデーションがビジネスシーンにマッチしやすい。黒の濃淡を生かすのもよいだろう。

■ 図表3−20　「ワンスライド・ワンメッセージ」〜Daimler

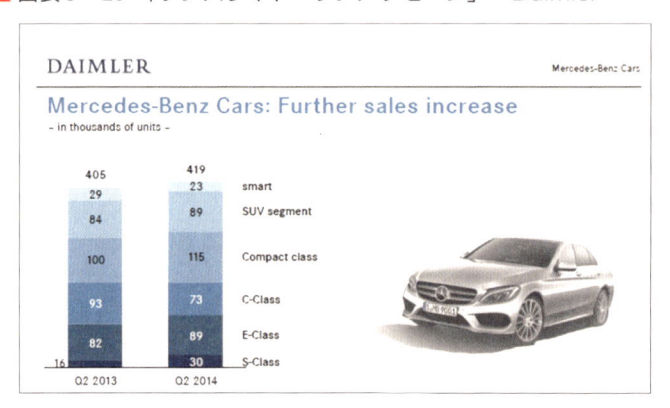

（出所）　Presentation Charts on the Interim report Q2 2014

■ 図表3−21　「ワンスライド・ワンメッセージ」〜ソフトバンク

（出所）　SoftBank World 2014 プレゼンテーション資料

できれば色数は3つ以内に絞り、後はグラデーションで表現する。つまり、黒、青、水色または、黒、青、灰色となるはずだ。モノクロであっても、黒、灰、黒灰で変化は出せる。ビジネス、特に金融機関向けなどでポップ感よりも高級感を演出したい場合には、落ち着いた色調とするのは有効だ。「色も3つ以内」が鉄則だ。

MUFGは赤、SMFGは緑、みずほFGは青というように、どの企業にもコーポレートカラーがある。これがプレゼン・スライド作成上の制約になる一方で、自社のカラーを常に使うことがアイデンティティになる。

ドイツ銀行のスライド（図表3－22）は、同社定番の青系のグラデーションを使い、見た目にもきれいで、"いかにも"の安定感がある。

図表3－23は、米国の資産運用会社であるアライアンス・バーンスタインのスライド。コーポレートカラーの黒とあわせ、黒背景の白抜き文字はインパクトがある。

■図表3－22　同系3色で～Deutsche Bank

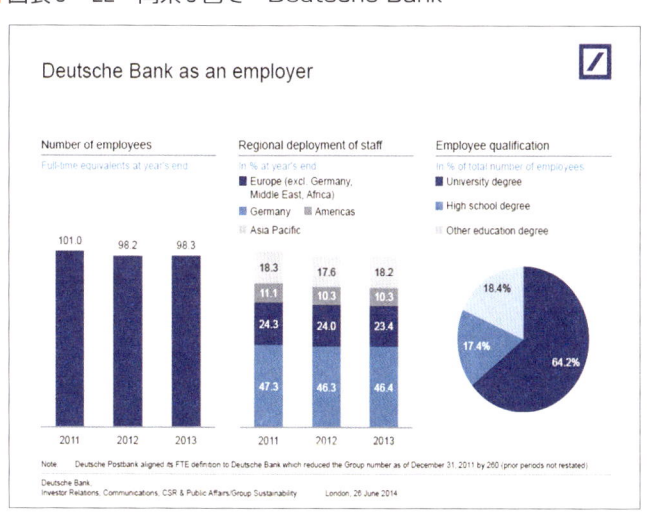

（出所）　Sustainability at Deutsche Bank-Nomura European SRI Conference, London, June 26, 2014

第3章　スライドを用意する　■　27

■ 図表3−23　同系3色で〜Alliance Bernstein

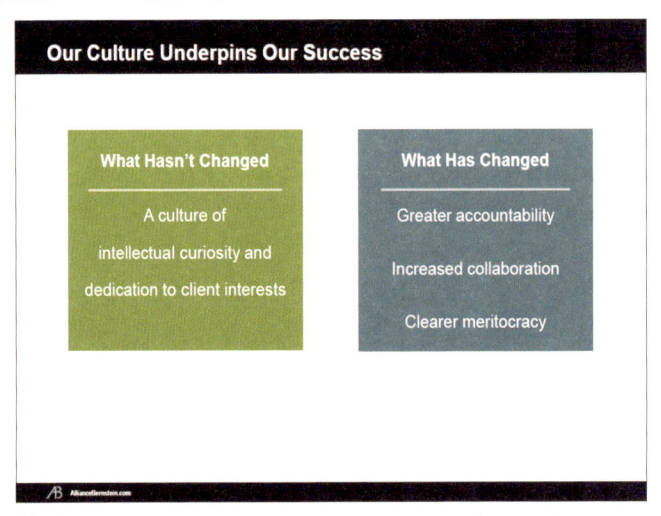

（出所）　Bank of America Merrill Lynch Banking & Financial Services Conference Nov 12, 2013

■ 図表3−24　同系3色で〜JT

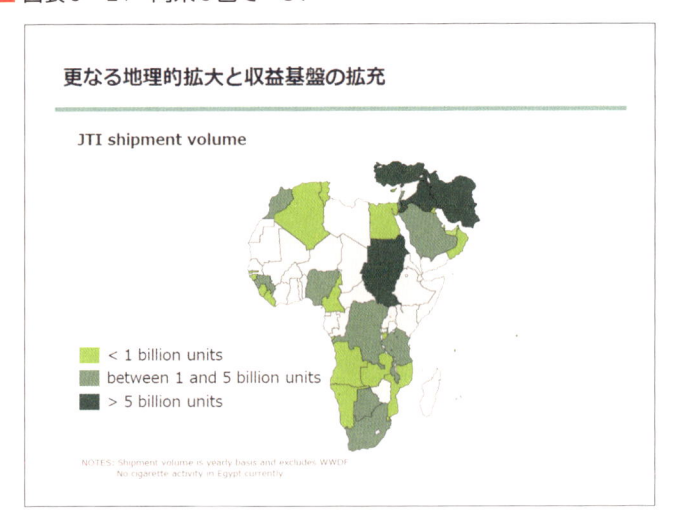

（出所）　経営計画2014

JTのスライド（図表3－24）は、同社のコーポレートカラーである緑を生かしながら、さらなる成長に向けてアフリカでの事業拡大を進めているのが一目瞭然にわかる。

　なお、カラースライドであっても、事前に、白黒印刷も試しておきたい。プリントアウトしても不備がないか、図表のズレなど含め、試してみる。

● **文字サイズは3つ以内**

　シンプルに、揃え、統一感を重視するのは文字の種類や大きさに関しても同じだ。

　日本語のフォントは、MSゴシック、英語は、Arial。または、MS明朝とTimes New Romanでもよい。しかし、それ以外は不要だ。

　英文数字のフォントにも気をつけたい。MSゴシックやMS明朝など和文フォントのままでなく、必ずArialかTimes New Romanに変換しておきたい。日本語フォントの全角英数字が混じるとそれだけで締まらない、いかにも素人くさいレイアウトになるので要注意だ。

　このことはスライドに限らず、普段のレポートやメールでも同様だ。また段落表記の調整に使いがちな、半角カタカナは統一感を崩すだけでなく、そもそも見にくいので使わない。

■ 図表3－25　文字サイズは3つ以内

文字サイズ　24	文字サイズ　36
資産運用　24	資産運用　36
資産運用　14	資産運用　24
資産運用　10	資産運用　14
内容説明重視	インパクト重視

（出所）　筆者作成

文字のサイズは配色と同様に、3つ以内が原則だ。つまり色・文字・ポイント同様、文字サイズも3つ以内ということだ。筆者は、ほとんどのプレゼンで24ポイント、14ポイント、10ポイントの3つしか使わない。各ページタイトルを24ポイント、本文を14ポイント、注釈や出所が10ポイントだ。大きめのフォントだけのすっきりしたスライドは、メッセージが絞られたよいハンドアウトの証しでもある。

　なお、どうしてもアクセントをつけたい場合の装飾は、文字の大きさを変えるよりも、太字にしたほうが見やすい。文字に下線は引いたり、斜体を使うのは×だ。

●グラフは円、棒、線の3種類
①　3種類のみ使う
　グラフはビジネスプレゼンのスライドで重要な役割を担う。あえて文字を使わず、グラフとタイトルだけでメッセージを印象づける手法もあるほどだ。微妙なテーマについて、グラフを口頭で説明するだけにし、スライドにはあえて文字を残さないことで、うまくリスクヘッジしているな、と感じるプレゼンも少なくない。

　グラフには、さまざまな種類があるが、スライドでは、円グラフ、棒グラフ、線グラフの3種類のみでよい。色・文字・ポイントだけではなくグラフも3種類限定ということだ。また、グラフは無理につくるのではなく、表よりも見やすくなるもの、作成しやすい場合に使うぐらいのつもりでよい。

②　円グラフ
　円グラフは、内訳、100％の割合を示す。その構成要素は、理想3つ、多くとも5つまでがよく、それ以上細分化されたものは見栄えが悪い。

　図表3−26のメットライフのスライドは、円グラフの格好の手本だ。シンプルなパイグラフを青同系色3つでまとめている。アライアンス・バーンスタインの図表3−27も同様にシンプルで、右側の円グラフも構成要素を5つに抑え煩瑣になりやすい内容を見やすく伝えている。

■ 図表3-26　シンプルな円グラフ～MetLife

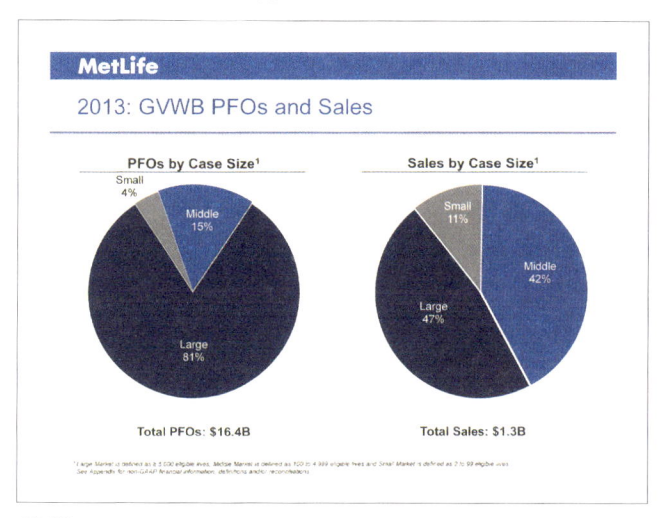

(出所)　Investor Day 2014 Presentations

■ 図表3-27　シンプルな円グラフ～Alliance Bernsteinの事例

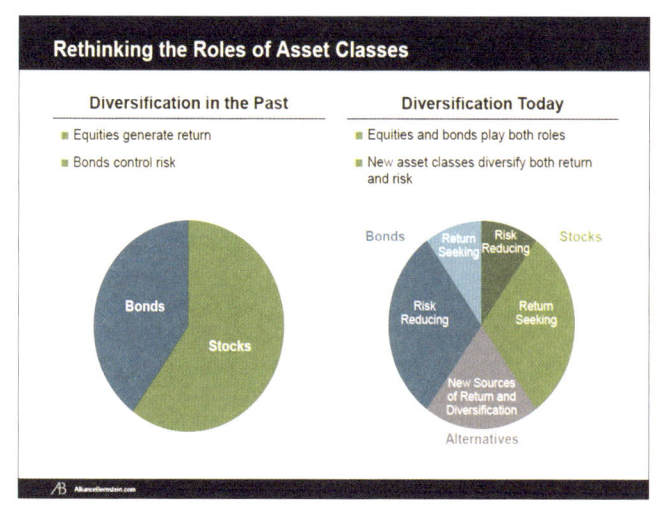

(出所)　Bank of America Merrill Lynch Banking & Financial Services Conference Nov 12, 2013

③ 棒グラフ

棒グラフは、量の変化を示し、他との比較や伸び率を示すのに最適で、ビジネス・プレゼンで最も使用頻度が多いと思う。ここでも、文字は少なく、右肩上がりの成長を印象づける棒グラフが鉄板だ。

ソフトバンクのスライドは棒グラフでも秀逸だ（図表3－28）。

シンプルな右肩上がりの棒グラフに、パンチの利いた一言の組合せが、ソフトバンク十八番のスタイルだ。スターバックスもシンプルながら、濃い背景に黄緑色の棒グラフが右肩上がりで伸びているが示され、左下のコーポレート・ロゴとともに同社のスライドを特徴づけている（図表3－29）。

④ 線グラフ

線グラフは時間経過による変動、ヒストリカルな推移を示すのに最適だ。線グラフで大事なことは、軸や目盛り線、罫線などを極力省くことだ。一方で、単位や出所は必ず入れる。桁数が大きい数字、ゼロがたくさん並ぶ数値には単位の調整が必要だ。

グラデーションや影を使って立体的に図形をみせる必要はない。ここでも基本はシンプルだ。

■ 図表3－28　シンプルな棒グラフ～ソフトバンク

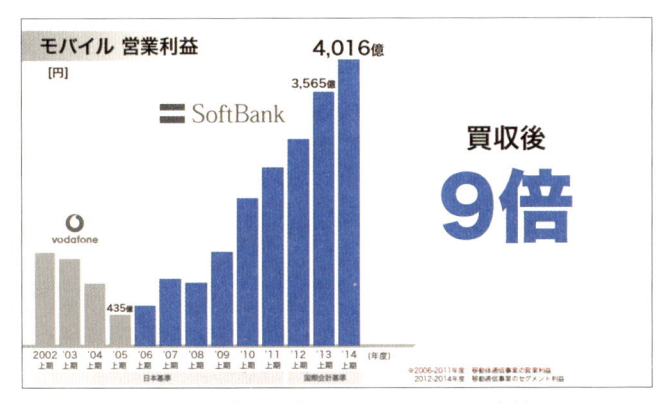

（出所）　2014年度2Q決算説明会プレゼンテーション資料

■ 図表3-29　シンプルな棒グラフ～Starbucks

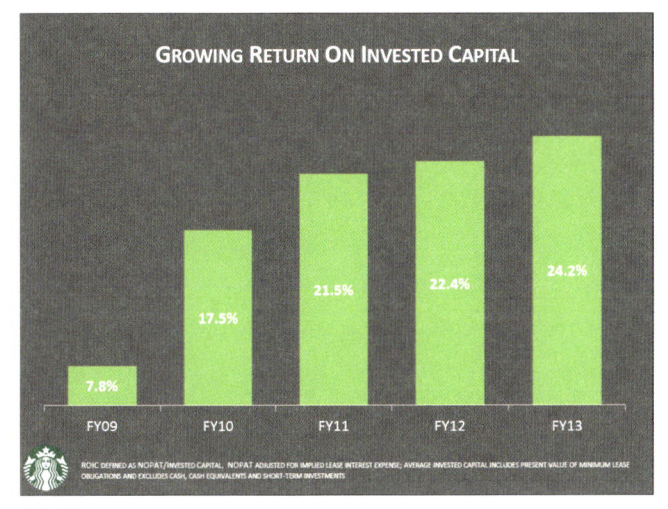

（出所）　Starbucks at Morgan Stanley Global Consumer Conference Presentation, Nov 19, 2013

■ 図表3-30　シンプルな線グラフ～ソフトバンク

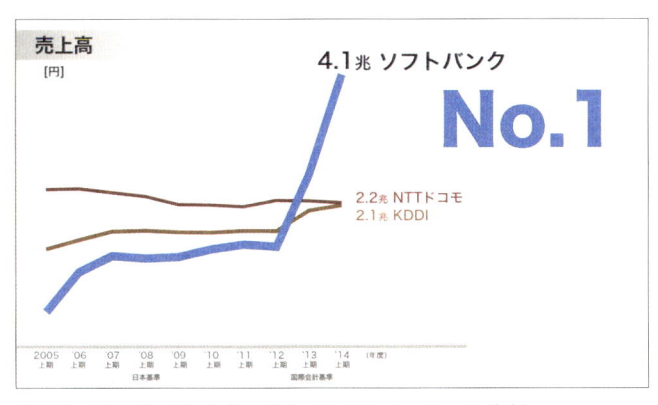

（出所）　2014年度2Q決算説明会プレゼンテーション資料

図表3-30はシンプルながら、同業他社と比べてソフトバンクが右肩上がりで成長し、一気にNo.1に踊り出たことを誇示するものだ。図表3-31は国際的クレジットカードブランドのスライドをもとに筆者が作成したシンプルな線グラフだ。

●チャートは参考資料向き
　シンプルなスライドを志向する場合、チャートは、グラフよりも選択する機会は減るはずだ。図表3-32の三井住友フィナンシャルグループ（SMFG）のチャートが示すように、発行量などを記載したチャートは、参考資料（SMFGは「データブック」と呼称）向きでもある。また、本チャートの背景にはコーポレートカラーを連想させる同系色のグラデーションが付されており、データ量が多いわりに、見やすい印象を与えている。

■ 図表3-31　シンプルな線グラフ

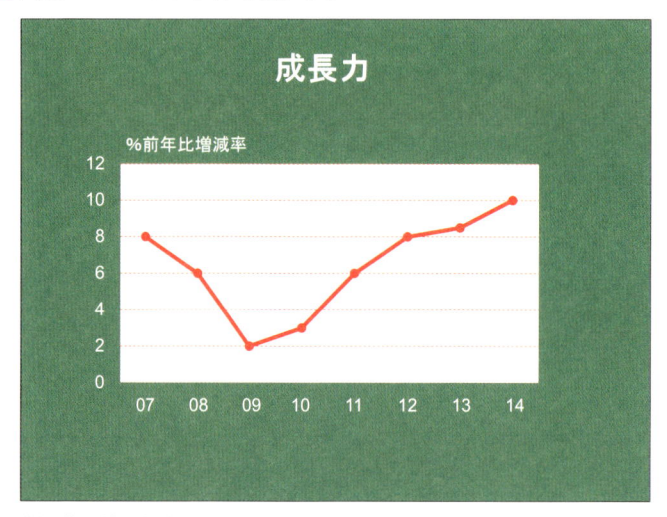

（出所）　筆者作成

◉見る人はみている継続性と統一性

ある企業の最新の決算説明会資料をみていて、前年度の資料や四半期前の資料を比較のために見返すことがある。その際、同じ企業のIRスライドなのに、構成やフォーマット、データや用語に統一性と継続性がないのは非常に使いにくい。

また、あえて業界標準ではない、独自の算出基準で財務数値を掲載する例も多い。金融機関決算でいえば、自己資本比率とか、不良債権比率とか、マーケットシェアなどでよくみられる。

これは日本企業だけでなく、海外でも同様で、たとえば、バーゼルⅢ基準の銀行の自己資本比率の開示において、シティとJPモルガンの一部の数値の定義が厳密には一致していないために、他社との比較が容易ではない。「ディスクロージャーはすべからく統一開示基準に揃え、独自性を排すべし」とまではいわないが、いかにも同業他社との比較を避けているような作為の印象をプレゼン相手に与えてよいことはない。

■図表3－32　チャートは参考資料向き～SMFG

参照箇所　説明資料 P.4, 5, 21　データブック P.10, 34

債券ポートフォリオ

		13/3月末		14/3月末		14/9月末		14/3月末比	
	（兆円）	B/S計上額	評価損益	B/S計上額	評価損益	B/S計上額	評価損益	B/S計上額	評価損益
SMFG連結	円債	30.4	0.17	17.4	0.10	15.3	0.08	▲2.1	▲0.02
	うち 国債	27.0	0.12	14.2	0.05	12.5	0.04	▲1.8	▲0.01
	満期保有目的	5.5	0.06	4.3	0.03	3.8	0.03	▲0.5	▲0.01
	その他有価証券	21.5	0.06	9.9	0.02	8.6	0.02	▲1.3	▲0.01
SMBC単体	円債	28.9	0.16	16.3	0.09	14.6	0.07	▲1.7	▲0.02
	うち 国債	26.2	0.11	13.8	0.05	12.1	0.04	▲1.7	▲0.01
	満期保有目的	5.5	0.06	4.3	0.03	3.8	0.03	▲0.5	▲0.01
	その他有価証券	20.7	0.06	9.5	0.02	8.3	0.01	▲1.2	▲0.01

SMFG 三井住友フィナンシャルグループ

（出所）　2014年2Q投資家説明会プレゼンテーション資料

「統一性と継続性」。利用するユーザー、相手のために配慮したい。

また、1つのプレゼン・スライドのなかではキーワードを統一してほしい。たとえば、「国債」なのか「日本国債」なのかそれとも「JGB」なのか、「純利益」と「当期純利益」「最終利益」は使い分けているのか等々。

プレゼンのたびにこれらの気配りを積み重ねることで、ベテランの業界アナリストや親密な顧客からは一目で、「あれはA社のスライドだ」、「あ、Bさんのスライドだ」、とわかってもらえるようになる。毎回同じフォーマット、カラー、構成にすることの意味も大事にしたい。

図表3−33と図表3−34は三菱UFJフィナンシャル・グループ（MUFG）の2013年度2Q及び3Qのスライドである。「日本国債の保有状況」に関して、同じフォーマット、同じ図表やチャートを使い表示しているため、見やすく、一目で比較できる。図表・チャートの数、文字数やカラー数には改善余地があるといえるが、MUFGのコーポレートカラーである赤を基調にした同系色でまとめられており、MUFGをイメージしやすい。

● イメージ図（概念図）を活用する

注釈やカッコ書きがやたらと多いスライドを目にすることがある。スライドは、学術論文でも公式レポートでもない。顧客や取引先、投資家にメッセージをストレートに伝えるためにつくるものだ。極力シンプルに読みやすく、わかりやすくを心がけたい。注釈やカッコ書きをゴチャゴチャつけない。どうしても必要なら、最後のページにまとめて掲載するといった工夫をしたい。それに、注釈ばかり目立つと、エクスキューズが多い自信がない資料と受け止められかねない。

一方で、スライドであっても出所はしっかり示す必要がある。また、グラフやチャートにも単位や年月を明示しないと、資料の体をなさない。

出所があいまいなとき、明示したくないときに、活用したいのが、「イメージ」とか「概念」という言葉だ。正式または正確ではないが、オリジナルな考えを手早くシンプルに示したいときに、図表などのタイトルに使える。

■ 図表3-33　スライドの継続性と統一性〜MUFG

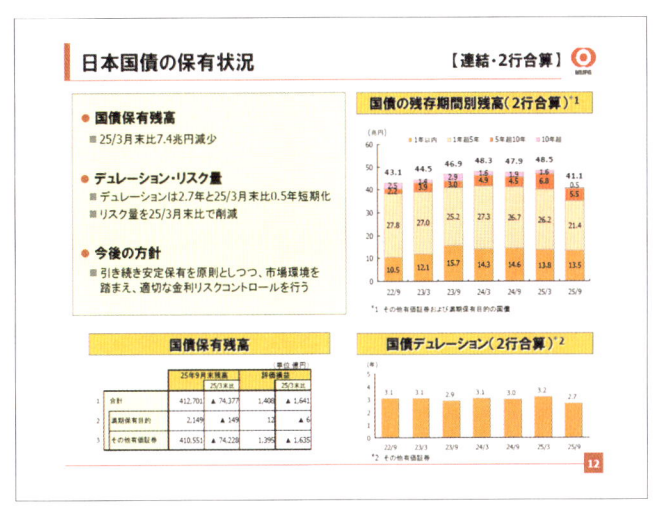

(出所) 2013年度2Q決算説明資料　決算ハイライト

■ 図表3-34　スライドの継続性と統一性〜MUFG

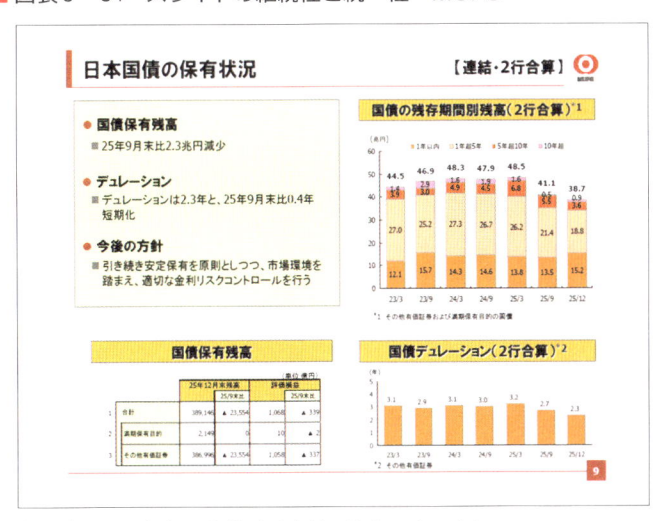

(出所)　2013年度3Q決算説明資料　決算ハイライト

●空白部分・余白部分をあえてつくる

プレゼンの聞き手は、手元に配られたスライドに、共鳴できるスピーカーのコメントや思いついたアイデアを書き込むことがある。しかし、その便を図るために、わざわざ「メモ（MEMO）」用のスペースを丸々1ページとかページの下半分に用意するのはやりすぎで野暮ったい。

逆にあえて、キーワードや数字をスライドに載せず、空白部分・余白部分をあえてつくり、書き込ませるのもひとつの手だ。

「具体的には」と会社や人といった固有名詞、あるいは市場シェアなどを口頭で話し、書き込んでもらう。聴衆に手を動かしてもらう、"ここだけの追加情報"を耳にした得した感を提供するとともに、メッセージを相手の記憶に刷り込むことができる。ただし、多用したりさして意味がないところでこの手法を使っても、聞き手はペンをとることもなく、戸惑うだけ。ここぞというところで使おう。

メモ欄をわざわざ用意するのではなく、スライドの余白を使ってもらおう。そのためにも、スライドの背景にデザインテンプレートや色は使わず書き込みやすよう白背景にする。デザイン的にも、コーポレートカラーやロゴを強調するところ以外の背景は白や淡い単色が無難だ。

●稟議書に使えるスライドを目指す

プレゼンを聞き、スライドを目にした担当者、当事者の評価は高くても、先方の上司や経営陣の承認がなければ、案件が進まないことも多々ある。そうした事態が想定される場合には、プレゼンを聞いてくれた人が会社に戻って稟議書を書くときに助けになるようなスライドをつくる。たとえば、「社債投資に興味があるけど、投資先企業が破綻したら紙くずになるのでは」というプレゼンの相手やその報告を聞く上司の不安をあらかじめ想定し、過去の破綻事例や社債のデフォルト（債務不履行）率、回収のプロセスと法令などを調べ、スライドに盛り込んでおくのだ。

逆にいえば、たとえどんなに斬新なアイデアに満ちた提案であっても、根

拠法令が示されず、官公庁の意向も不明、あるいは希望的観測と出所不明のデータに基づく主観的シナリオで構成されたスライドは稟議には使えない。

相手の意向、求めるもの、不安点に頭を巡らせ、相手に寄り添うプレゼンを目指そう。その際には、簡潔で注釈が少ないスライドとの整合性からも、SMFGの事例（図表3−32）で示したように、チャートを利用したり、参考資料としてスライドを最後にまとめるのも一手だろう。

● 会社のコンプライアンスを確認する

スライドに必ずコピーライトはもとより、ディスクレーマー（免責事項）を挿入するルールを設けている会社も多い。なかには、別途、プレゼン内容のリスクファクター、リスクシナリオやデメリットを明記させたり、使用前に社内審査を義務づけたり、定型フォーマットを利用させる会社もある。自社を代表してプレゼンを行う以上、社内規程・ルールを確認し、しっかり遵守しなければならない。

たとえば金融機関の場合には、金融商品取引法が求める説明ルールへの対応、社内コンプライアンスチェックの適用、顧客配布可能か否かなどに対処する必要がある。もちろん、風説の流布やインサイダー取引規制違反を疑わ

■ 図表3−35 「根拠あるスライド」と「根拠なきスライド」

根拠なきスライド	根拠あるスライド
法令不明	根拠法令
意向不明	公官庁資料
希望的観測	過去事例
主観的数値	他社比較
過大期待	数値データ
主観的シナリオ	費用対効果
単なる資料スライド	稟議に使うスライド

（出所）筆者作成

れないようなプレゼンとすることだ。

● 最後のスライドもメッセージ

　プレゼン最後のスライドも重要だ。白地の背景に大きなフォントで、ただ「ご清聴ありがとうございました」「Thank you」と書かれたスライドはいらない。前述したようにメモページも不要だ。親切のつもりだろうが、余計でもある。

　また、連絡先や問合せ先を掲載するケースもあるが、あくまでシンプルに。ごちゃごちゃ、こまごまと連絡方法を書かない。せっかく、洗練されたスライドとプレゼンだったとしても、最後に商売臭が強すぎては台無しだ。

　一方で、コーポレート・ロゴだけのスライドはどうだろうか。デザインがよくシンプルな構成であれば、インパクトも強い。

　図表3-36から図表3-39は、順番にエレクトロラックス、GE、日本マクドナルド、そしてスターバックスのスライドの最終ページである。コーポレート・ロゴを全面に出し、最後にもインパクトを与えるスライドだ。

● 手作業で製本

　初対面の人の印象が、最初の1秒で決まるように、スライドの印象も1秒で決まる。スライドも見た目が大事ということだ。スライドの表紙が大切であることはすでに述べた。最後まで油断せず、スライドの仕上げにもきめ細かな心遣いを忘れずに。

　勝負をかけるプレゼンのスライドは、まとめてコピーするのではなく、1セットずつプリントアウトする。さらにホチキスは複合機の自動機能を利用せず、心を込めてかつ、打ち止めミスを防ぐために一部一部手動で斜め左上留めする。

　「端を揃えて、ホチキスを留め直して」。筆者が新人時代に先輩にいわれた言葉だ。

　部数が100部を超えるようなプレゼンなら、そんな余裕はないかもしれな

準備編

■ 図表 3 － 36　最後のスライドもメッセージ〜Electrolux

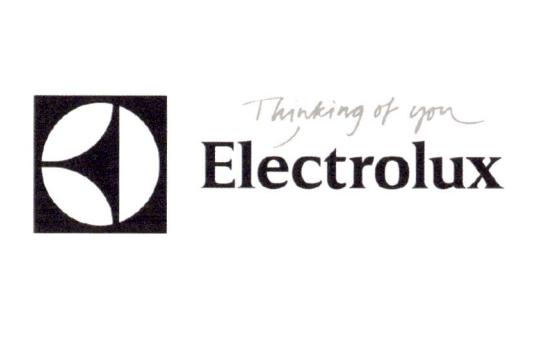

（出所）Interim Report Q2 2014 Presentation

■ 図表 3 － 37　最後のスライドもメッセージ〜GE

（出所）Q3 2014 Earnings Presentation

■ 図表3－38　最後のスライドもメッセージ〜日本マクドナルド

（出所）　平成26年度12月期中間決算発表　プレゼンテーション資料

■ 図表3－39　最後のスライドもメッセージ〜Starbucks

（出所）　Starbucks at Morgan Stanley Global Consumer Conference Presentati-on, Nov 19, 2013

いが、少人数が相手ならできるだけ手間をかける。プレゼンをする側には100部のうちの1部だが、聞き手にとっては唯一の1部。スライドはスピーカーの作品である。細部にまで気配りしたい。

　また、製本カバーやリングファイル、無色透明クリアファイルなどを利用し、ひと手間加えるだけでも、ぐっと見栄えがよくなる。

　ちなみに、スライドを束ねたスライド資料やハンドアウトは、A4サイズが標準だが、あえてA5サイズをお勧めしたい。コンパクト＆エコ、真新しい、プレゼン終了後も、相手のデスクに置いておきやすいなど、メリット満載だ。ただし、縮小によってAppendix資料の文字や数字が小さくなりすぎては、特に年配の相手の受けがよくない場合もある。本章の最初に述べた、聞き手はどういう人たちかを知っておくことが、ここでも生きてくる。

● スピーカーもプレゼンの一部

　人は見かけで決まる。見た目は重要で、スピーカー自身もプレゼンの一部だ。意識しない人が多い分、意識するだけで大きな差がつくポイントでもある。ファッションセンスを意識し磨くことは、スライドを磨くことにつながる。

　スーツはもちろん、ネクタイや靴は重要なアイテムだ。いま一度、髪や

■ 図表3−40　「普通のスライド集」と「丁寧なスライド集」

普通のスライド集	丁寧なスライド集
A4サイズ	A5サイズ
表紙普通	表紙重視
カラーコピー	プリントアウト
製本カバーなし	製本カバーあり
自動ホチキス留め	手動ホチキス留め
プレゼン後は放置	プレゼン後も保存

（出所）　筆者作成

爪を整え、身だしなみを正し清潔感を保つことが肝要だ。

　スーツ、ネクタイ、シャツ、時計、メガネ、髪形、そして何といっても靴の汚れに注意する。タイピンやカフスもある。鞄やペン、書類も意外に目立つ。最近だと携帯も。ストラップやデコカバーで持っている人の品格を量られることもあるから、疎かにできない。

　図表3－41が示すように、男性では、スーツは奇をてらわずに紺系無地が鉄板だが、最近は細身のストライプ入りやノータックのパンツもOK。若い人たちに人気の黒系は、実はフォーマルなビジネスシーンでは×。シャツは無地白のレギュラーカラー。タイも無地系、茶系も散見するが、靴は黒が基本だ。この鉄板リクルート系ファッションで、清潔感を保ちながら、いかにシニア感や重厚感を出すか。普段から、いろいろな年齢層、異性を含む同僚も参考にしながら、勝負ファッションを決めておこう。

　デザインや色目の奇抜さよりもベーシックでかつ高品質なもので勝負を。自分の好みと、プレゼンの状況で求められるものは別だ。

●レジメンタル・タイは避ける

　重要アイテムのネクタイに関しては、斜めにストライプが入ったレジメンタル・ストライプはお勧めしない。無難ではあるが、逆にバッチリ似合うビジネスマンや政治家に出会ったこともみたこともない。なんとなく、フォーマル感、シニア感、重厚感がなく、学生っぽく青臭いイメージが付きまとうので避けたい。

　レジメンタルというのは、英国各連隊に伝わる連隊旗が由来とされ、そこから、国・州・学校・会などの属性を表す装飾品として伝わってきたという。デザイン面だけでなく、レジメンタル・タイによって経歴を誤解されないためにも、特に海外ではフォーマルな席だけでなく、プレゼンや面談の場でも着用は避けたい。ペイズリー柄ももやもやして選択肢から外したい。細かい水玉ドットか、無色で光沢や質感で勝負するタイが似合うのではないだろうか。

● スーツ姿を妥協しない

　いずれにせよ、スーツはビジネスマンにとって戦闘服だ。スーツ姿を妥協することでプレゼンにも妥協が生じる。身なりはいつもそのシーズンでベストなものを着用したい。一日くらい重複してもよい。いつも勝負服であるべきだ。雨用のスーツや靴、内勤用のスーツはつくらない。いつどこでみられているかわからないし、雨の日でも内勤の日でも重要な案件やプレゼンの機会は突然やってくる。いつでも臨戦態勢に入れるようにベストの状態で備えておくべきだ。

　そして大切な顧客へのプレゼンがある日には、さらに特別なバージョンにアップグレードする、というのが正解だ。人は見かけで決まる。それも1秒で。つまり外見で決まっている。スライドの表紙と同じだ。

　社内でのイメージも大切だ。このことは上司に対してはもとより、同僚や後輩に対しても同じことがいえる。だから、むしろ外出しない日こそより気を使うべきだ。

　また、クールビズは要注意だ。会社が許す範囲で、極力ふだんのスーツ姿を維持すべきだ。ノージャケットにノータイどころか白のワイシャツの上ボタンをいくつもはずしたり、下着が透けてみえる状態で外を歩くのはもはや公害であり、およそ先進国で許される光景ではないと思う。ネクタイをしたくない、スーツを着たくない、スリッパをはきたいならサラリーマンを辞めればと思う。できていない人が大部分だからこそ、意識するだけで大きな差が生まれる。

● プレゼンのために靴を新調する

　「足元をみる」「靴はおしゃれの要」「靴こそその人を表す」などと以前からいわれている。

　そうかもと思いながらも、でも実際のビジネスシーンでは、スーツやシャツ、タイのほうを優先し、靴は後回しというビジネスマンは多いだろう。

　プレゼン上達の手段として、いつもより少しランクを上げたビジネス

シューズを新調してみよう。高価な靴は重く足元にどっしり重心がいく。大切にしようとするので、大事にきれいに歩くようになる。背筋が伸びて姿勢がよくなる。そして当然ながら、靴に合うようにスーツやシャツも新調したくなる。髪型も表情も。それが、プレゼン時への姿勢にも影響してくる、という好循環を生む。

　皆、意外に他人の靴をよくみているのだ。「お、靴新調しましたね」「それジョンロブですか、格好よい」など同僚やクライアントにも声を掛けられることが増えるはずだ。逆に、こちらも他人の足元を気にするようになる。プレゼンのスピーカーであればなおさらだ。

　高価であればなお、靴は永く大切にしたいので、シューキーパーも必要になり、シュークリームやブラシも揃える。靴磨きやメンテナンス、ビジネスマンたるもの、やっている人はやっている。やらない人との差は大きい。休日や平日の夜、玄関で靴を磨き明日のプレゼンに備える姿はけっこう美しい。明日へのよい準備作業にもなる。

●声を出して一人リハーサル

　リハーサルは一通り流すくらいでいいからしておきたい。しかし、リハーサルの相手をしてくれるほど、皆、暇ではない。自分で声を出して読み、実践を重ねるのみ。

　声を出して読むことで、つながりが悪いとか、話しにくい、スライドと合わないなどわかってくる。一人であれば、いつでもどこでもできる。マイクを使ったプレゼンの練習にお勧めなのが、カラオケボックスだ。最近は「ヒトカラ（一人カラオケ）」を楽しむ人が増えているので、カラオケでのプレゼン練習もしやすくなっている。自己リハーサルすることで、スライドの順序入れ替えや統廃合も調整ができる。実際にスライドをめくりながら、考えてみる、話してみることだ。

　なお、話す内容は、本番では諳んじられように準備しておく。頭のなかにない話が、相手に伝わるわけがないし、ましてやそれを英語で話せるわけも

準備編

ない。彼女や彼氏に告白するとき、デートのとき、原稿をみて思いが伝わるだろうか。同じことだ。

● スライドにはプレゼンの時刻表

　プレゼンの際、手元スライドには、「ここまでで30分」「ところで！」「強調する（赤字）」「2013年度末は○億円の黒字」などと手書きで、データやタイミングなどを書き込んでおく。

　これら手書きメモは、落ち着いてプレゼンを進めるうえで心強いナビゲーターになってくれる。同様に、各スライドにおおよその想定予想時間を書き込むのも、プレゼンの際のペースメーカーとなる。ぜひお試しを。

● 早く寝ること

　意外に忘れがちだが、最も大事なこと、それはいうまでもなくプレゼン本番に臨む体調だ。大きなプレゼンであればあるほど、その前日はできるだけ早く仕事を切り上げ、早く寝ることだ。わずかな疲れが、顔色を悪くし、全身からみなぎるフレッシュさを奪い、プレゼンの勢いをも鈍らせる。また、わずかな疲れが、包容力を奪い、落ち着きなく、怒りや乱れを呼びこむことにもなる。早く寝て、明日のプレゼンを万全の体調で臨もう。

■ 図表３−41　「ボサボサA氏」と「爽快快活B氏」

ボサボサA氏	爽快快活B氏
ボサボサ頭髪 黒系スーツ 柄模様シャツ レジメンタル・タイ 焦げ茶色の靴	すっきり頭髪 紺系スーツ 白無地シャツ 無地・タイ 黒の靴
粗雑感・不安感	好印象・信頼感

（出所）　筆者作成

コラム　サーモンピンクのニクイ奴

　新聞を欠かさず読む。電子媒体もよいが、紙媒体の良さも捨てがたい。日本経済新聞など主要紙に加え、『フィナンシャル・タイムズ（FT）』を購読したい。英字紙であるFTをわざわざ購読するのは、1つにはやはり、英語力を維持向上させたいという思いがある。

　ビジネスマンとして「英語からはこの先も逃げられない」ということは、多くの人が肌身で感じていることであろう。

　ただ、学生時代からあれこれ手を尽くしたがなかなか成果が出ない、という人、ある程度は自信があるものの、やはりネイティブには程遠い、といったレベルの人もいよう。

　現在FTを日本で購読する場合、紙媒体＋電子媒体（FT.com）だと1年13万1,570円（2014年3月現在）かかる。決して安くはない。しかし、1カ月単位で考えれば1万円少々。同僚との酒席にだらだらと二次会まで参加したり、役に立たない資格や英会話学校に通うことを考えれば、リーズナブルともいえる。さらにいえば、値段が高い分、わからなくても忙しくても元を取ろうと必ず目を通すようになる。

　最初は、Japan、Sony、Toyota、BOJなど目に飛び込んでくる日本関連の記事だけ読んでみるのもよいだろう。アベノミクス効果もあり、かつてに比べれば、いまはまさに日本関連記事を目にしない日はない。

　米国や中韓といった近隣諸国ではなく、英国、欧州が日本をどうみているかを知るうえでも有益であろう。

　他の欧米主要紙同様、ウィークエンド版がビジュアルで充実しているのも見逃せない。

　FT WEEKENDでは、"How To Spend It"というマガジン形式の別冊がついてきて、ビジュアルだけでも綺麗で優雅である。

　また、"House &Home"のなかの"Property Gallery"には、カラー写真付きで英国やイタリア、フランス、スイス、スペイン、そしてモナコの超高級

不動産広告やクルーザーの紹介などもあって、世界のセレブのトレンドやスタンダードも感じることができる。

　一種の旅行ガイドブックとも欧州美術館便覧とも生活エッセイともいえる構成は、休日の新聞にふさわしく、優雅で豊かな気持ちにさせてくれる内容だ。

　"Life & Arts"では、Tyler Bruleという雑誌編集者が担当する"The Fast Lane"というコラムは楽しい。毎日世界中を飛び回る彼の視点で日本への記述も多い。ANAやJALへの高評価から青山や麻布のレストランの話、京都や大阪、福岡、北海道スキーやリゾートとしての沖縄など嬉しい記述が多く読みやすいのでお勧めしたい。

　こうしたFTの視点、FTと毎日接することは、プレゼン作成のうえでも有形無形の血肉となろう。いずれにせよ、何よりもあのサーモンピンクの独特の紙色合い、一目みてFTとわかる風貌。オフィス街をFT片手に闊歩しよう。

本番編

第4章
（社外の）顧客へのプレゼン・面談を極める

●夏の寒さ、冬の暑さに注意

　可能であれば、プレゼン会場は下見しておきたい。特に会場の空調には気をつけなければならない。せっかくのすばらしい会場や施設でも、蒸し暑かったり、肌寒い会場では、話すほうも聞くほうもプレゼンに集中できない。夏であれば、暑さ以上にクーラーの効きすぎによる寒さに要注意。冬の敵は寒さよりも暖房の効きすぎだ。筆者もスピーカー、聞き手それぞれの立場で不快な経験をしたことがある。会場担当者がいれば温度調整をお願いし、もしいなければ、勝手に操作パネルをいじってしまおう。相手が快適に耳を傾けられる環境があってはじめて入念な事前準備が生きるのである。

●マイクの音量を事前チェック

　会場の下見ができるようなら、演壇から座席を見渡してみる。マイクの有無を確認し、なければ事前にリクエストしておく。広い会場なのにマイクの用意がないケースもままある。マイクテストで音量を確認し、PCやプロジェクターを使用する場合はそれらの見え方と操作方法を確認する。

　また、出席者リストがあれば事前にみておく。出席者の所属から、触れてはいけない話題や差し替えたほうがよい事項を判断するためだ。

●前置きは短く、本題に入ろう

　まずは、最も一般的な会社説明会の進行パターンからみてみよう。

〈ケース①〉 **東西伝統銀行**

司会者　えー、それでは定刻になりましたので、始めさせていただきます。
　本日は東西伝統銀行の会社説明会にお越しいただきありがとうございま

す。

　私、本日の司会を務めさせていただきます、広報部のヨシダと申します。よろしくお願いします。

　えー、それでは、まず、お手元も資料の確認をさせていただきます。5つありまして、まず、決算短信、決算説明資料、それから（略）いかがでしょうか。

　お手元にない方は、挙手をお願いします。

　（沈黙）

　よろしいでしょうか。

　はい、それでは次に、本日の出席者、5名をご紹介させていただきます。皆様の向かって左から、社長の田代でございます。

田代社長　（起立して）田代でございます。よろしくお願いします。

司会者　次に、専務の宮路でございます。

宮路専務　（起立して）宮路でございます。よろしくお願いします。

　次に……（略）。

司会者　皆様、よろしいでしょうか。なお、本日は最初に田代社長より、決算概況について説明させていただき、その後、宮路専務が計数関係をご報告し、最後に質疑応答としたいと思います。

　また、お手元にアンケート用紙を用意しております。後ほどご記入のほど、よろしくお願いします。

　あ、後もう一点、非常口は後方左手と右手の2カ所になりますので、よろしくお願いします。

　えー、それでは、田代社長、よろしくお願いします。

田代社長　えー、社長の田代です。本日は足元が悪いなか、多数の皆様にお越しいただきまして、まことにありがとうございます。

　今年は猛暑に加え、台風も例年になく多い年であるようでして、今週末も台風が接近するようで、週末の天気が気になるところではあります。さて、今年でちょうど創立50周年を迎える私どもの銀行では、記念イベント

を開催予定でありまして……（略）。

　えー、それでは、東西伝統銀行の2015年3月期の決算発表を始めます。

　まず、お手元の資料、2ページ目をご覧ください。えー、2015年3月末の連結ベースの経常収益は、前年比〇％増の〇千億円となりました……。

〈ケース2〉 フレッシュ銀行

　（定刻になり、ホール前方の入口から三上社長が登場し、演壇に上がりスタート）

三上社長　みなさん、こんにちは。本日はようこそお越しくださいました。

　2015年3月期決算における当社の連結経常収益は、〇千億円と過去最高となりました。経常利益も同様に……。

　ケース1とケース2はどちらも銀行の決算説明会の冒頭を再現したものだ。「あるある」と感じた方も多いのではないだろうか。

　ケース1の場合、本題である決算の説明に入る前に5分、へたをすれば10分ぐらいかかる。一方のケース2の場合、社長の登場から10秒で、本題に入っている。

■ 図表4－1　「東西伝統銀行」と「フレッシュ銀行」

東西伝統銀行	フレッシュ銀行
司会者 田代社長 宮路専務 杉山常務 原田企画部長 西山経理部長	司会者 三上社長
出席者多数	プレゼンター1名

（出所）　筆者作成

どちらがスマートで洗練されインパクトあるかは明白。ケース2を目指したい。

● いきなり始まるプレゼン

前置きなくいきなり始まるプレゼンをすでに実践している日本企業がある。筆者が印象深かったのがスルガ銀行の会社説明会だ。

定刻になると、突然照明が落ち、会場は一瞬真っ暗に。最初は「ん、停電か」「誰か照明スイッチに寄りかかって消したのかな？」と戸惑う。すると前方スクリーンが明るくなり、イメージビデオがスタートする。映像の最後にスルガ銀行のロゴが入り、次の瞬間、正面スクリーン右端にスポットライトが当たると、そこにプレゼンターである岡野光喜社長が立っており、そのまま、プレゼンが始まる、という趣向だ。

そして、日産自動車。こちらも定刻になると、いきなり横浜グローバル本社の説明会会場の正面後ろ扉から、カルロス・ゴーンCEOが登場する。そのままプロジェクターの前に立ち、「Ladies and Gentlemen, Good afternoon」と切り出すなり、「Nissan has delivered a year of growth despite numerous challenges in fiscal year 2013. Operating profit and net income exceeded

■ 図表4－2 「田代社長」と「三上社長」

東西伝統銀行	フレッシュ銀行
司会者挨拶 手元資料確認 出席者5名紹介 諸注意事項 田代社長登壇 田代社長小話 田代社長本題	三上社長登壇 三上社長本題
ここまで10分	いきなり始める

（出所）　筆者作成

第4章　（社外の）顧客へのプレゼン・面談を極める　■　55

both our mid-year guidance…」と続け、後方のスライドと連動しながら、小気味よくスタートしていく。

　ソフトバンクの孫正義社長のプレゼンも、おおむねこのパターンといえよう。

　3社に共通するのは強力なリーダーシップを持ったそれぞれの業界を代表する経営者であり、プレゼンターであることだ。無駄話も、司会者の前振りもなく、いきなり始まるプレゼン。われわれの普段のプレゼンにも参考になる点はあるはずだ。

● 最初の掴みは気にしない

　どのプレゼンの指南本をみても、最初の5分が勝負。イントロの掴みが肝心、と書いてある。それができるにこしたことはないが、過度に意識する必要はない。自然体で始めればよい。

　むしろ最初の掴みが肝心とばかりにジョークや小話にエピソードから入っ

■ 図表4-3　前置きなく始まる〜スルガ銀行

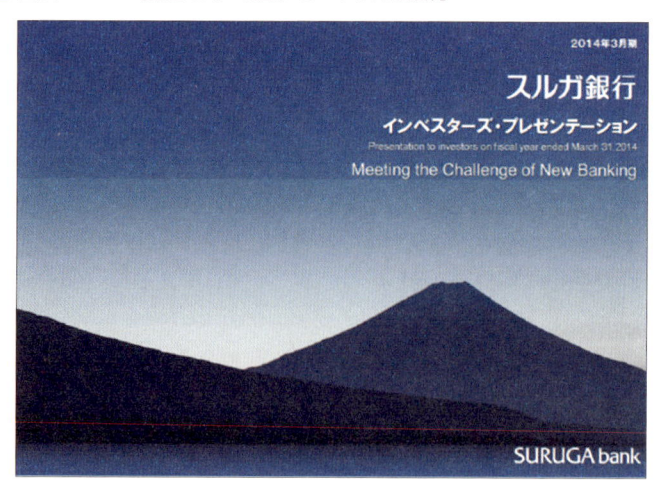

（出所）2014年3月期　IR情報

たものの、期待したほど受けないどころか明らかにすべってしまった場合の気まずい雰囲気、スピーカー自身の動揺とリカバリーの苦労を考えると、リターンに見合わないリスクの大きな賭けでさえある。

● **冒頭3秒間の沈黙**

　可能であれば、壇上には直前にまで向かわない。手元資料も直前まで配布しない。プレゼンのスタート地点を明確にするための演出だ。

　壇上に立ったら、前置きなくいきなり進める、最初の掴みを気にする必要はないと述べたが、もしやるとすれば、最初の3秒間、沈黙するというのはどうだろう。プロ野球の投手がプレーボールがかかったあとの初球を投げる前にやっているあれだ。プレゼンもスタートする際に、深呼吸する、プレゼンに臨むルーティーンとして3秒沈黙する、間をあける。自分自身の気持ちを落ち着かせるためであり、スタートの仕切りを示すためであり、かつ、聴衆の関心を惹きつけるためである。あえて沈黙する勇気を持ち、間を恐れないことだ。

● **自己紹介はやっても2番目に**

　小話はいらない。挨拶もいらない。背景説明や前振りもいらない。そして、自己紹介もビジネス・プレゼンには基本的に不要だ。司会者に任せよう。自己紹介をする場合でも、時間をかけない。経歴とか前職がなんだったとかは、プレゼン後に興味を持った聞き手に調べてもらえばよい。シンプルに「○○銀行の前田です」で十分に伝わる。それも、最初のスライドを数枚説明してからはどうだろうか。つまり自己紹介をやっても、2番目に行うというやり方もある。

● **プレゼンにジョークも小話もいらない**

　スピーカー自身が、プレゼンの目的と相手が何を望んでいるかを把握し、しっかりそれに応える準備ができていたら、それをまじめに伝えることが第

一。プレゼン内容に関して、自分自身が誰よりも理解と愛着が深ければ、聞き手を前にしても気持ちに余裕が生まれる。その場の雰囲気にあわせて、自然とジョークが出てきたり、小話に脱線するのはよいとは思う。大事なことは、プレゼンの冒頭部分に限らず、小話、名言、ネタ、ことわざは、無理につくらない、意識しないということだ。武勇伝や自慢話ももちろん不要。ユーモアのセンスがあればそれにこしたことはないが、笑顔さえ絶やさなければ、それでよい。

● 問いかけから入り、主題を共有

「2020年のオリンピック開催時の東京の不動産価格は現在比どれくらいの水準だと予想しますか？」「もし、このまま円安が進んだら、わが国自動車業界にどんな影響があると思いますか？」というように質問調でスタートしたり、節目の場面で会場に問いかけることで、プレゼンを一方通行ではなく、双方向のコミュニケーションにする方法もある。「この問いに対する対策を示すのが、今日のプレゼンの目的です」と続ければ、話し手と聞き手の問題意識を明確にし、共有することができるからだ。

■ 図表4-4 「A氏の小話」と「B氏の自然体」

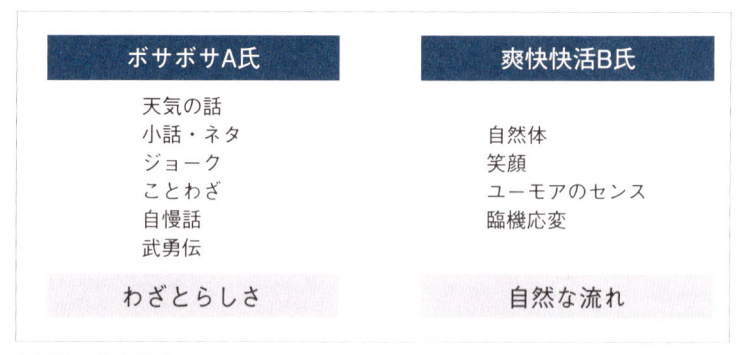

ボサボサA氏	爽快快活B氏
天気の話 小話・ネタ ジョーク ことわざ 自慢話 武勇伝	自然体 笑顔 ユーモアのセンス 臨機応変
わざとらしさ	自然な流れ

(出所) 筆者作成

● 大きい声ではなく深い声を出す

　新幹線のなかや食事の席で、大声で話しているビジネスマンをみて、あなたはどう思うだろうか？　「元気がいいな」と快く受け入れてくれる人はまずいない。プレゼンでも同じ。大きすぎる声や甲高い声は耳障りなものだ。

　マイクがあるのなら、なおさら。ナチュラルボイスでゆっくり、堂々と話せばよい。

　堂々と話すためには、自分が話す内容に自信があり、諳んじられるぐらい熟知しておく必要がある。堂々と話せるぐらいでなければ相手には伝わらないと言い換えてもよい。裏返せば、自分がわからないことや、よく知らないことをプレゼンには盛り込んではいけない。内容に自信があれば、おのずと説得力ある深い声になろう。

　同時に、最後まで声を緩めず、センテンスを言い切ることも、相手にメッセージを伝えるために大事であることも覚えておきたい。

● 身振り手振りを大切にする

　会場の大きさにもよるが、プレゼンは立って行うのが基本だ。大きな声でなく深い声に加え、身振り手振りを大切にしよう。演壇に突っ立っていないで、壇上を端から端へ歩く、動く、手を使って表現する。英語の場合、発音が苦手でも、稚拙な表現でも臆しない。スピーカーもプレゼンの一部だ。ただし、腕は組まない。レーザーポインターで遊ばない、ペンを振り回さない。片手をポケットに入れない。言葉とスライドだけでなく、全身を使って、聴衆に表現してみよう。

● よその会社に「さん」付けは不要

　いつからよその会社のことを話すときに当たり前のように「さん」をつけるようになったのだろうか。「御社」や「弊社」はよいが、他社の名前をプレゼンであげるときに、「東西伝統銀行さん」と呼ぶのは、ナニワのあきんどになったかのような違和感がある。「東西伝統銀行」でよい。過剰な敬語

や枕詞も同様に不要だ。プレゼン相手の会社のことは「A社さん」ではなく「御社」でよい。

● 自分が聞きたくない話は相手にもしない

プレゼンでも面談でも、自分や会社を語るときにへりくだりすぎないことだ。謙虚な気持ちは常に持つべきだが、卑下することとは違う。また、会社の愚痴、他社や他人の陰口や批判も控えるべきだ。あくまで、自社の問題点を話す、ケーススタディとして他社や他人の事例を出す、といったかたちでプレゼンのテーマと関連づける話とすべきだ。

ポジティブな話も自身や自社の実績をしっかりアピールしたいが、自慢話ととられては元も子もない。

「会社の愚痴」ではなく、「自社の問題点」、「自慢話」ではなく「自身の実績」、「他社の悪口」ではなく、「A社のケース」、「他人の失敗話」ではなく、「B人の改善点」、といった具合に変換しよう。

つまり、相手が聞いて気分がよくないことはいわない。ネガティブな話題も、言い換えることでポジティブな印象となり、テーマ自体も昇華される。普段の会話同様、プレゼンでも会議でも心がけたい。

■図表4−5 「聞きたくない」と「聞きたい」

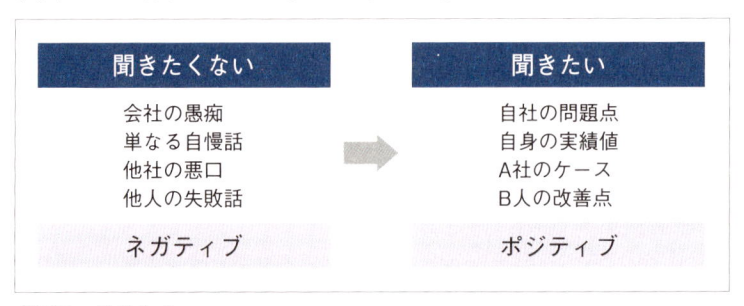

聞きたくない	聞きたい
会社の愚痴 単なる自慢話 他社の悪口 他人の失敗話	自社の問題点 自身の実績値 A社のケース B人の改善点
ネガティブ	ポジティブ

(出所) 筆者作成

● 「えー」「あのー」は極力避けて、歯切れよく

　意識していても、いざ本番となると実は筆者自身も緊張してなかなかできないものだが、センテンス、センテンスを区切ることを強く意識して話したい。

　話が長い、切れ目ない話し方はだらだらした印象を与えるだけでなく、実際、メッセージも起伏に乏しく伝わりがたい。

　「えー」、「まー」、「そのー」、「それから」といった無意味な言葉や接続詞の多用で話をつながないことだ。

　断定調を意識する。

　また、大げさに抑揚をつけて話せばよいというものではない。話が軽く感じられる。

　リズム感、テンポ、語呂を大切にしたい。一語一語をぽんぽんと丁寧に話す、語尾をしっかり言い切ることを心がけたい。

● クライマックスのスライドをめくる

　いよいよプレゼンの山場を飾るスライドの出番だ。一呼吸、間をあけたあと、しっかり声を張り上げてクライマックス・ステージの幕を開けよう。

　なお、ここでは、基本的に一目で誰でも理解できるスライドとすべきだが、あえて肝心なポイントをスライド上には明かさないというのもひとつの手だ。第3章で述べた空白部分の効果のほか、特に他社に文書のかたちで漏れることを防ぎたい内容の場合にも有効だ。プレゼンもスライドも安売りしないことだ。

● わざと飛ばすスライドを入れておく

　わざと飛ばすスライドを用意しておこう。少しペースが遅くて時間が押している場合はもちろんのこと、タイムスケジュールどおりでも、あえて飛ばす。

　スライドを1枚飛ばすことの、テンポ感。顧客の手を動かしてもらうこと

で、順番どおりで単調になり始めていたプレゼンに変化を与える効果がある。

なお、逆に少し時間に余裕があるときには、飛ばす予定だったスライドを説明することで調整すればよい。

あえてスキップスライドを事前に挿入し、そのページを飛ばすことで会場に生まれるテンポ感、リズム感、スピード感を大事にしたい。

● 局面を打開するスーパーサブを出す

スキップスライドとは逆の手法だ。今度は、スライドとは別に、手元に1枚紙の資料を用意しておく。よほど大きな会場でない限り、それをその場で配る。新聞の切り抜き記事でも、詳細なデータでも、提案書でもよい。「ジョーカー」や「スーパーサブ」と呼ばれるツールだ。

スーパーサブの存在は、あえて同席する上司や同僚にも事前に伝えない。予定調和的に進むプレゼンに刺激を与え、顧客や聴衆をいま一度新鮮な気持ちにできる。

● プレゼンを時間いっぱい使わない、ましてや延長は×

現在のビジネスシーンにおいては、1時間という標準的なプレゼン時間は少々長いように感じる。いわんや90分や120分の尺はなおさらだ。

■ 図表4-6 「時間オーバー」と「時間セーブ」

プレゼンA（60分）		プレゼンB（60分）	
挨拶	10	挨拶	0
スライド説明	50	スライド説明	30
質疑応答	10	質疑応答	20
合計	70	合計	50
時間オーバー	10	時間セーブ	10

（出所）筆者作成

内容によるものの、45分前後が理想ではないだろうか。長すぎず短すぎず。相手の時間を長時間拘束することもなく。準備する側にとってもこの15分、20分の負担感の差は大きい。スピーカーサイドに交渉余地があるならば、時間はできるだけ短くしてもらおう。中身を凝縮して集中して話すために。

　標準的な60分のプレゼンの場合、スライド説明30分に質疑応答20分に余裕枠10分が理想といえよう。反対に、冒頭の挨拶に10分を費やしてようやく始まったスライド説明が間延びして50分、「予定時間ですが、せっかくの機会ですから」と無理矢理つくった質疑応答に10分の合計70分で、時間オーバーという状況は皆に迷惑をかける。タイムマネジメントをしっかり行うこともプレゼンの基本だ。

　逆に60分以上のプレゼンであれば、予定終了時刻の5分から10分程前に終了するのはありだと思う。あまりに早く終了だと物足りなさが残るが、5分から10分程前終了であれば、許容範囲、むしろ好感されるケースが多かろう。

　腕時計やスマホを手元に置き、常に時間を確認しやすいようにする。時計と手元スライドに書き込んだおおよそのタイムスケジュールメモを時々チェックしながら、プレゼンの進行をマネージする。

　プレゼンや会議は短く、それは、相手の要望でもある。

◉クロージング・リマークと「ありがとう」

　最後のスライドを開き、プレゼンの趣旨を簡潔にまとめる。同じ内容を繰り返してよい。ただし、3点まで。できれば2点のみで締めくくる。このクロージング・リマークさえあれば、「あれ、ところで何のプレゼンだっけ？」なんて事態は避けられるはずだ。

　そして、「ありがとうございました」で終わる。

　「ありがとう」「Thank you」は最強の日本語であり、英語である。「本日はありがとうございます」「お時間ありがとうございます」「ご清聴ありがと

うございます」「質問ありがとうございます」意地悪な質問や批判的なコメントにも、「ありがとうございます」。プレゼンの冒頭から最後まで「ありがとう」づくしだ。

　プレゼンにおいてだけでなく、ビジネス全般でも、日常生活でも、なんでも当たり前と思ったら「ありがとう」なんて言葉は必要なくなる。「ありがとう」はうれしい気持ち、喜びの気持ち、そして感謝の気持ちを相手に伝える大切な言葉だ。プレゼンをさせてもらえたことへの感謝を伝えたい。「貴重な時間をありがとう」「参加してくれてありがとう」「時間を共有していただきありがとうございます」という気持ちを声に出して「ありがとう」と伝える。

　同時に、「ありがとう」「ありがとうございました」は話を終わらせる合図、つまりは、「もうこれ以上は話しませんよ」という意思を婉曲に伝える言葉でもある。だからこそ、クロージング・リマークに相応しいのである。

● どんな質問や要望にも動揺しない

　こちらからのプレゼンが終わり、質疑応答のセッションに入る。質問者から質問を受けて回答する場合、どんなときも、第一声は、「ご質問ありがとうございます」「ご指摘ありがとうございます」だ。海外でのプレゼンだと「Thank you. This is a good question.」が多い。

■ 図表4-7　最強の日本語〜ありがとう

最強の日本語〜ありがとう	
本日は	ありがとうございます
ご清聴	ありがとうございます
ご質問	ありがとうございます
（最後に）	ありがとうございました
プレゼンできることへの感謝	

（出所）　筆者作成

そしてもし、答えられない内容であったり、わからない質問だった場合にどうするか。プレゼンと同様に、知らないこと、自信のないことを口にしないことだ。すぐに底が割れる。「手元に資料がないので調べて後ほどお答えます」「その点は、不勉強で存じません」と正直に答えよう。「私見ですが、正しいと思います」という言い方も許される。
　また、どうしてもゼロ回答がいやならば、どんな話でも自分の得意分野に持ち込む、という方法もある。
　逆に、質問がなく、時間に少し余裕がある場合は、1テーマ付け加えてプレゼンするのもよい。そう、わざと飛ばしたスライドを使って。

● 「ポイントは2つあります」といってから、考える
　プレゼンでの質疑応答の成否は、その答える内容そのものよりも、いかにスムーズに、よどみなく答えられるかにかかっているといっても過言ではない。
　より正確に、詳しく答えるために、「えーっと」といいながらスライドや、手控え資料をめくりながら答えることよりも、たとえ、多少は不完全な答えでも、テニスのラリーのように、テンポよく答えることのほうが大事だ。
　とっさに回答が思いつかなくても、とりあえず、「ご質問ありがとうございます。ポイントは2つあります」といってしまう。それから2つのポイントを考えながら話し始める。十分な準備に裏付けられた自信をもって臨んだプレゼンであれば、その内容に関連する質問なら、落ち着けば対応できるはずだ。先に述べた、どんな話になっても得意分野に持ち込む方法もある。
　ポイントは常に2つ。3つでもよいが、ありきたりで、説明も冗長に聞こえがちだ。

● スライドをアップデートする
　プレゼンが終わった。余韻と充実感に浸りたいひと時だ。しかし、完璧な

プレゼンだった、と納得できるケースはめったにないだろう。クライマックスのスライドの説明が長すぎたとか、あのスライドは蛇足だったな、とか、反省点が多々あるだろう。その反省をすぐにスライドに反映させよう。修正し、並び替え、新たなデータを加え、スライドをアップデートしよう。

フィードバックとアップデートを繰り返すことで、スライドは改定のたびに、あなたオリジナルのチューンナップされた作品に進化していくはずだ。

●想定外の事態は必ず起こるもの

プレゼンにはハプニングがつきものと割り切っておく。スライドが足りない、会場に届いていない、予定外の担当役員も参加することになった、前の予定が伸びて時間が大幅に短縮、大部屋なのにマイクがない、等々。

時間どおり始まらなくてもあせらない。自分が緊張していて当たり前と腹をくくる。クライマックスのスライドを説明している最中に中座されたり、途中から入室してくる、スライドを目の前でパラパラと先をめくられるのにも、気が動転させられる。最悪なのは目の前で居眠りされるとか。

しかたない。そういうものだと達観し、イライラせず、一呼吸置いて気を取り直そう。もちろんあなた自身がそういう聞き手にならないことを肝に銘じなければならない。

●PC、プロジェクターはあてにしない

プロジェクターやPCを使う場合には、事前にデータを送っておくことに加え、自分でもバックアップデータを持参しておく。当日はプレゼン前に自ら稼働状況を確認しておくことも必須だ。それでも途中で動かなくなるアクシデントも起こりうる。プロジェクターなしでも、手元のスライドで、またはスライドなしでも、口頭でプレゼンできるくらいの覚悟と準備で臨みたい。

● 堂々と立ち、堂々と話す

　大切なのは、動じない、オロオロしないことだ。

　どっしりと座り、堂々と立つ。相手を見下ろすぐらいの気持ちをもって。失敗しても死ぬわけじゃない、そもそも 十分に準備したんだから、会場の誰よりもこのテーマに詳しいのは自分だ、落ち着け、と自分に語りかけよう。実務のプロ、現場のプロ、専門分野のプロとして、社内外で、堂々と自信をもって自分自身の作成スライドと言葉でプレゼンすればよい。

　こんなこと相手は知っていたらどうしよう、レベル低いと思われたらどうしよう、と心配するのではなく、自分がいちばん詳しい、いちばん知っているからプレゼンで伝授するんだと思うことが、自信と落ち着きにつながる。

● 新聞記事1枚でプレゼンする

　30分後に役員に説明しろといわれたが、スライドを用意する時間はない。そんなときには、資料なしで臨んでもよいが、新聞や雑誌の記事コピーを活用する方法を試してみよう。法律や法令をそのまま抜粋してコピーしたり、話題にする企業のニュースリリースをプリントアウトするのもよい。海外向けならば、FT、WSJ、Bloomberg、Reuterなど。新聞記事やwebページのプリントアウト1枚でプレゼンする。

　もちろん出典はしっかり示す。新聞記事に限らず、外部資料を使う場合、絶対に忘れてはいけない基本ルールだ。

● 体調と気持ちをコントロールする

　気持ちと体調を整える。基本中の基本だが大事だ。筆者は、一度体調不良のなか、ある銀行の本部をプレゼンのために訪問したことがある。現地に到着した後も本調子に戻らない。しかし、先方の多くの役員も参加するプレゼンである。やりきるしかない、と覚悟を決めたが、同行していた上司がみかねて、先方に事情を説明し、挨拶だけして帰ってきた経験がある。先方の時間を無駄にしてしまった痛恨事だが、もしあのままプレゼンを強行していた

ら、相手にも、また上司にもっとひどい迷惑をかけたことだろう。ダメなときは、スパッと撤退し、仕切り直すことで被害を最小限にとどめることも必要だ。本件も先方の厚意により、後日再訪の機会を得て、プレゼンをさせていただいた。

● 完璧と完成を求めない

　実際のプレゼンや面談では、プレゼンしながら、面談しながら、状況に応じて修正していく力が求められる。アドリブ力、即戦力、応用力、といってもよい。そのためには事前の準備や努力が必須であることは、これまでも繰り返し述べてきた。

　しかし、どんなに時間をかけ熟考したとしても、相手あってのプレゼンであり面談。必ず想定外のことが起きる。そもそもすべての条件が整い、シナリオどおり進むことは、プレゼンに限らず、現実にはまずない。

　むしろ、教科書どおりのシナリオでプレゼンが進行するはずがないと最初から覚悟しておいたほうが、動揺を抑えられる。もちろん、教科書は大事だ。しかし、教科書をすべて暗記して理解しても、必ずしも実践で答えが出せるわけではない、そこがむずかしいところだ。いつまでもスライドをこねくり回すのではなく、プレゼンや面談を実際にこなしながら修正し、さらに

■ 図表4-8　走りながら修正する

ボサボサA氏	爽快快活B氏
教科書どおり 完成品 完璧を求める 想定問答 シナリオどおり	教科書は教科書 未完成品 見切り発車 修正力 アドリブ力
プレゼン前に完成	走りながら修正

（出所）　筆者作成

高みを目指すのが得策だ。

走りながら、準備する、走りながら、修正する。生真面目で几帳面な人であればあるほど、失敗を考えるとなかなか実行できないが、だからこそ、あえて「えいやっ」でスタートして走ってみる。

完璧と完成を求めない。それよりも、準備にはできるだけ早く着手したほうがよい。結果的に着手が早い分スピード感も出る。われわれに欠けているのは、あえて見切り発車し、走りながら、考え修正していくということではないだろうか。

これはプレゼンの場に限らず、たとえば、海外顧客へのプレゼンや面談で必要となる英語習得でもそうだ。文法や語彙を極めようと思えばきりがないし、TOEICやTOEFLでの高得点を重ねてもそれが必要十分条件とはいえない。FTを購読したり、常に継続的にブラッシュアップすることは大切だが、まずは英語で話しかけてみる、身振り手振りを入れてでも伝えてみる、ことが大切なはずだ。まずは、伝えてみる、話してみる、アクションを起こしてみる、いつまでも妄想だけでは、先には進まないから。

● キーパーソンをみながら話す

相手の役職と影響力や役割が一致していないケースだ。社長よりも会長が実権者だったり、部長よりも実は次長だったり。いわゆるお局様や、その道に長けた契約社員が影響力をもって現場を回している場合もあろう。そして、キーパーソンが誰かを見抜くことの大切さは顧客との関係はもちろん、社内でも同じである。役職者や直接の担当者に配慮しつつ、キーパーソンとの関係を疎かにしないことだ。キーパーソンが何を求めているかを常に意識し、キーパーソンに向かってプレゼンすることを心がけたい。

● 超簡易版スライド1枚

プレゼンでも顧客との面談でも、先方の都合で、急きょ面談時間が短縮されたり、挨拶だけで終わってしまうケースもあろう。1時間の面談予定が、

相手は入ってくるなり「すまん、ちょっとこのあと、役員会議が入ったので」とか「30分ぐらいしか時間がとれない」といった場面に置かれることもままある。

相手が悪いのだが、こうした想定外の事態を想定し、超簡易版1枚まとめスライドを用意しておきたい。「それでは、ちょっと1分だけよろしいですか？」といって、そのスライドだけで説明し、しっかりそのスライドを手渡す。転んでもただでは起きないことだ。

● 顧客のための面談

顧客との面談とは相手に気持ちよく話してもらう場である。相手の調子や口調から、相手が次にどう出るか先読みする。自説ではなく相手が何を求めているのかを考える。前章で説明した相手のためのプレゼンと同じだ。顧客の要望のための面談、顧客の目的のための面談を常に意識したい。

また、当たり前のことだが、親しさを強調しようと、相手に必要以上に近づきパーソナルスペースを侵したり、会話に割り込む、大声で話す、パタパタ歩くなど、社会人としての常識を疑われるような無神経な振る舞いは控えよう。

■ 図表4－9　顧客のための面談

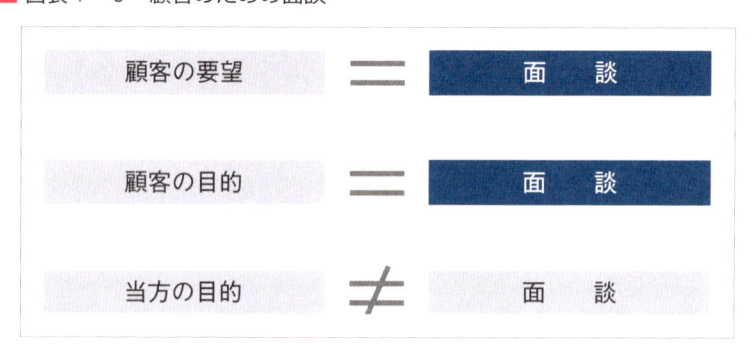

顧客の要望	＝	面　談
顧客の目的	＝	面　談
当方の目的	≠	面　談

（出所）　筆者作成

●カバンを持っていかない

　ここからは多分に筆者個人の趣味の話になるので、軽く流してほしい。

　筆者は顧客との面談の際には鞄は持っていかない。理由は、プレゼンや面談の邪魔になるだけだからだ。冬場のコートも同様。鞄を持っていかなければ、プレゼン中に鞄を置く椅子を探したり、床に置くようなみっともない真似をしなくてもよい。

　ちなみに、顧客訪問時はもちろん、普段の通勤や出張の際にも荷物は極力少なくしたいものだ。ましてや、パンパンになったカバンをたすき掛けして歩く姿はいただけない。確かにTUMIのビジネスバッグは機能的で格好よいが、これだけたくさんの男性サラリーマンが携えていると、考えものだ。やっぱりベストはカバンなしだ。通勤時はもちろん、飛行機や新幹線での日帰り出張レベルであれば、スマホに長財布、ボルビックに、ファイルまたはバインダーのみの手ぶら状態でいく。

　筆者も上司もどこにいくのもカバンなし。国内の日帰り出張なら、書類とボルビックだけ携えてそのまま羽田空港まで。手荷物検査もスムーズだし、客席上のスペースへの荷物の出し入れもなく、スマートに乗り降りできる。

　米国NY本社の同僚や上司にも手ぶら派が多い。必要書類かタブレットとペットボトルだけを手に速足でミッドタウンの取引先に向かう。NYラガーディア空港からボストンまでのビジネスシャトル便にも、同様のカバンなしスタイルのビジネスマンが多い。おしゃれだ。

　反対に、キャリーバックを引いてプレゼンに赴く人がいるが、どうかと思う。ガラガラ引く姿が絵になるのは、航空機の乗務員ぐらいだ。荷物の詰め込みすぎはそれだけで仕事できなそうにみえる。

　機内や車内で会社支給の灰色PCのキーボードをカチカチ叩くのもやめたい。ついでながら、傘もできるだけ持たない、邪魔だから。カバンなしで颯爽と丸の内やマンハッタンを闊歩し、プレゼンに、面談に臨みたい。

●ペットボトルの水は直飲みがクール

　プレゼン先でミネラルウォーターと紙コップが用意されることが多い。筆者の流儀は、その水を紙コップで飲まず、そのままペットボトルから飲む。

　なぜか。落ち着くため、余裕度を示すため。あえて崩し、カジュアル感を出すことで、気持ちのうえで聞き手より上、少なくとも同位置に立つためである。

第5章
社内プレゼン・社内会議に勝つ

● ノートとペンは常に持ち歩く

　ラフスケッチ、なぐり書きでOK、見直す必要もない。だから、どのページからでも斜め書きでもOK。書こうという姿勢、書くことが大事。会議に手ぶらで参加する者がいるが、論外だ。よいアイデアや発言に出会える可能性を自らなくさないように。

● すぐ眠るからの脱却

　プレゼン中や会議中に居眠りしたりしない。

　昔から海外の同僚にいわれていることだが、どうして日本人は会議や講演会で居眠りをするのだろうか？　居眠りをする人に、仕事ができるビジネスマンはいない。格好も悪い。

　とはいえ、眠たくなるプレゼンや会議が多いのも事実。プレゼンはともかく、会議は特に定例化・マンネリ化している場合が多い。居眠りするぐらいなら、会議の統廃合を提案することで会議数を減らせば、他のしかたなく参加している人たちにも喜んでもらえる。

　最前列で居眠りもひどいが、スピーカーをにらみつけるように腕組みをされるのも感じが悪い。一度でもプレゼンのスピーカー経験をしたことがあるならば、できない行動だと思う。

　また、年配者によくある、腕組みしながら目を閉じて考える「ふり」をしているのも、なんだか偉そうだ。背もたれにもたれかからない、前傾姿勢で、手は机の前に出す、細かいが大事なことだ。

● ホワイトボードを使いこなす

　たいていの会議室や、エグゼクティブの個室にはホワイトボードがあるは

ずだ。相手に断ってホワイトボードの前に進み、積極的に使わせてもらおう。グラフイメージやマトリックス、あるいは論点の箇条書きによって議論をクリアにしやすくなる。

● 会議の結論はその場で決める
　事前にまたは冒頭に、会議の趣旨を明確にするのは当然である。同様に、会議の結論をその場で決めるのも当然のことだ。しかし、これがなかなかできていない組織が多い。
　会議が終わり、自席に戻ろうと立ち上がったところに近寄ってきて「ちょっと、さっきの件だけど」といって話し込むのがいる。会議で話せ。

● 最上級顧客である上司にプレゼンする
　「会社を辞めたい」「転職したい」と、誰もが一度は思ったことがあるだろう。その背景や理由はさまざまのようにみえるが、その大半の根底には人間関係があるとみてよい。もっといえば、直属の上司との関係。そこがうまくいかないことが、「会社を辞めたい」という気持ちを生み出しているはずだ。
　上司は基本的に選べない。では、選べない上司とどう接し、どういうスタンスで付き合っていけばよいのか。上司は仲間でも友人でもないし、同僚でもない。
　意識したことはないかもしれないが、ビジネスマンにとって上司こそが最重要顧客である。その上司が好きか嫌いかなんて関係ない。上司の意向は部の意向、会社の意向であり、顧客のニーズであり、ビジネスチャンスでもある。
　顧客の立場でビジネスを考えるように、上司の立場になって、上司が何を望み、何を考えているかを意識して行動することだ。社内プレゼンもしかり。これはもちろん、上司にゴマをすることではない。そんなものは見透かされる。
　仕事とはイコール営業であり、その営業はまさに上司に対して行うもの。

上司の意向を汲む。そして上司に対してプレゼンし、アップデートする。

　上司の指示や要求に対しては「はい」しか答えはない。ノーエクスキューズ。言い訳をしない。「でも」「だって」「しかし」といった言葉は使わない。「はい」といってやってみる。

　もちろん、理不尽なことをいってくる上司もいるだろう。腹が立つこともあるだろう。しかし、実際のところ、上司に対抗しても勝ち目はない。我慢するかいやなら辞めるしかない。上司は報復できるし実際に報復する。その方法は、人事評価や左遷などいくらでもある。

　それよりも、仕事がある、しかも好きな仕事があるというのは、それだけで幸福なことだと考えたい。そのうえ、給与がもらえるのだ。楽で、楽しいことばかりのはずはない。

　自分は何をしたいか、どうしたいのかと、考えるのもよいだろう。しかし、求められているのは、そんなことではない。上司や会社という「顧客」が何を望んでいるかを感じとり、プレゼンしたり行動したりすることなのだ。

　そう、最上級顧客である上司に対するプレゼンやスライドこそ、本来最も力を注ぐべきものだ。この点に気付いて行動している者とそうでない者の差は大きい。

■図表5－1　上司にプレゼンする

上司	≠	同僚
上司	＝	顧客
上司	＝	プレゼン相手

（出所）　筆者作成

● 報告は朝イチでする

　報告、特にまずい内容の報告は朝イチに限る。終業後、ましてや酒の席での報告に逃げない。また、日中いくらでも話す機会があったにもかかわらず、夜間や休日のメールで報告するなどビジネスマンとして失格だ。これは内容の善し悪しは関係ない。なかには、「休日出勤や残業でがんばっています」というアピールのつもりで、わざとそんな時間にメールを発信する人もいるかもしれない。しかし、いまどきそんなメールのタイムスタンプをみて、「よくがんばってやっているな」と評価してくれるような上司がいるのはよほどオメデタイ会社だ。

　英語に「エレベーターピッチ（elevator pitch）」という言葉がある。同乗した相手に、エレベーターで移動するわずかの時間に売り込むことを意味するが、まさに朝イチに１分間プレゼン、報告できるように意識し実践してみよう。この場合、スライドや資料を用意するよりも口頭で簡潔に行う。

　洋の東西を問わず、ホウレンソウ（報告・連絡・相談）を制するものが社内を制する。完璧にこだわらず、端的にどんどん報告する。後回しにしたり、資料をしっかり用意しようとすればするほど、相手からの要求水準も上がることを肝に銘じておこう。

第6章
社内英語、海外プレゼンに強くなる

● 冒頭、名刺交換も、天気話もしない

　日本人ビジネスマンに慣れている外国人であれば、名刺を用意して迎えてくれることもないではないが、東京ならともかく、NYやボストン、パサデナやニューポートビーチでもそんなケースはめったにない。最初から名刺交換をあてにしない。いや、あえて、こちらからは名刺は出さないくらいの気持ちでいきたい。

　Hi ! と握手だけさっとする、名前も手短に。そしてさっさとプレゼンの話題に入ってしまおう。もちろん、天気の話などいらない。ロンドンでもNYでも天気の話から面談が始まったことは、筆者の400回を超える海外面談やプレゼンのなかでほとんどない。

　昔といっても数年前、某日本企業のトップが、米系金融機関トップの"表敬"訪問を受けた際、名刺をテーブルの反対側から、ピッと滑らしてきたことに憤慨して、その後の両社の関係にも影響したという、まことしやかな逸

■ 図表6-1　名刺交換なしでプレゼン勝負

名刺交換あり	名刺交換なし
名刺交換 握手 着席 天気の話 道中の話 スライド１ページ目	Hi. 握手 プレゼン開始
社交的会合	プレゼン勝負

（出所）　筆者作成

話を聞いたことがある。これは日本人ビジネスマンを訪問する際のマナーの事前勉強を怠った相手ももちろん悪いが、海外ビジネスでは名刺なんてそんなものだ。

筆者の以前の上司など、それが監督官庁の高級官僚だろうが、与党の大物議員であろうが、メガバンクの首脳だろうが、交換した名刺は、その場でお付きの部下にパスしていた。不要ということだ。前職の英国人社長もしかり。彼曰く「日本人のお前には有名で地位ある人かもしれないが、私にとってはただの人だから」。名刺自体には何の価値もないと考えるその価値観を知っておけば、手渡した名刺が無碍に扱われるのをみても動揺することはないだろう。

●プレゼンの中身で勝負

当たり前だが、そもそも名刺交換がメインイベントではない。主役でもない。プレゼンの中身そのものが重要であり、プレゼンターの能力や魅力そのものが主役のはずだ。事務的な連絡先であれば、名刺でなくとも、スライド表紙や裏面に名前も連絡先もある。

●あえて、帰り際に名刺交換する

そんな欧米人相手のプレゼンとディスカッションの終了後、握手をして帰る際に、連絡先や連絡方法を聞かれたり、名刺交換を促されたら、それは面談成功の証だ。今後も連絡をとりたい、また会って話したいという意思表示にほかならないからだ。海外や外国人だからといって、相手に媚びることなく、プライドをもってプレゼンで勝負し、先方から、帰り際に名刺交換を促されるプレゼンスを勝ち取ろう。

●海外のスライドとスピーチに萎縮しない

海外のスライドやスピーチのすべてがすごいわけではない。ビビらないことだ。日本人の大多数が孫正義社長のようにプレゼンできないのと同様、ア

メリカ人の大多数が、スティーブ・ジョブスのようにプレゼンがうまいわけではない。だから、勝手に先入観をもって萎縮しないことだ。

たとえば、JPモルガン・チェースのカリスマCEOのジェームス・ダイモンのプレゼンを、何度か聞く機会があったが、そんなに驚くほど話がうまいわけでも、パッションが伝わってくるわけでもない。いたって、シンプルでかつストレートなプレゼンでありスライドだった。

だいたい大手米銀、投資銀行の決算説明会で使われる最近のスライドは、以前に比べシンプルで機能的なものが増えている。金融危機後のウォールストリート批判もあり、ビジネスモデルと同様にスライドは派手な演出から堅実な方向に回帰しているのかもしれない。

● 海外企業のIR資料もスライドの宝庫

最近欧米では、アップルやマイクロソフトに代表されるように、Webcastのみで開示したり、決算説明会用のプレゼン資料をつくらなかったりする企業も出てきている。

ただし、それらはまだ例外。欧米大企業の会社説明会資料は、スライド作成におけるアイデア、デザイン、構成の良い手本だ。各社ホームページのTOPから「Investor Relations」→「Presentations」と進むと、会社説明会資料（IRプレゼンテーション資料）やカンファレンスでのプレゼン資料がラインナップされている。

いろんな業種の興味ある企業のIRプレゼン資料（決算説明資料や会社説明会資料）をのぞき、①デザインの統一感　②カラーリング　③文字フォント　④メッセージ力　⑤わかりやすさの観点から採点してみよう。

アメリカン・エクスプレス、コカ・コーラ、エクソン・モービル、メットライフといった企業はそのブランド・イメージ同様、スライドのレベルも高い。

アメックスのスライドは、何か特徴的な表現や手法があるわけではなく、「奇をてらわず、シンプル」に、万人受けする総合的な評価が高いものとい

えよう。「ワンスライド・ワンメッセージ」もしっかり踏襲されている。青同系色でのカラーリング、コーポレート・ロゴの効果的な利用。シンプルな棒グラフや線グラフの活用、文字フォントを多用しない、といった「色・文字・ポイントは3つ以内」も守られており、そのまま活用できる部分も多く参考にしたい。メットライフのスライドもアメックス同様、総合的な評価が高いスライドといえよう。

一方、図表6-2のスターバックスと同様、コカ・コーラとエクソン・モービルは、斬新さやインパクトの大きさが際立った特徴であるため、そのまま活用できる部分は少ないかもしれないが、実際にグローバル企業のスライドを目でみてセンスを体感できる。

そのほか、アライアンス・バーンスタイン、VISA、ドイツ銀行、ダイムラー、GE、P&G、ユニリーバ、ハーレーダビットソンなどのスライドも秀逸である。

■ 図表6-2　Starbucks

（出所）　Starbucks at Morgan Stanley Global Consumer Conference Presentation, Nov 19, 2013

アライアンス・バーンスタインのスライドは、コーポレートカラーの黒をアクセントに落ち着いたカラーリングで構成されており、黒背景の白抜き文字はインパクトがある。
　P&Gは、青系同系色でシンプルかつフレッシュ感あるスライドを構成している。
　北欧企業のスライドにも秀逸なものが多い。Eksportfinans（スウェーデン輸出金融公社）のスライド（図表6－3）は、洗練された北欧デザイン系で統一されている。独創的でなかなか真似できないスライドではないが、そのインスピレーションは吸収したいスライドだ。Kommunekredit（デンマーク金融公社）のスライドは、人魚姫などデンマークのアイコン写真を効果的に使用している。
　ドイツ銀行のスライド（図表6－4）は、落ち着いた色合いと背景により、質実剛健でシャープなイメージが表現され、その銀行像とマッチしているといえよう。

■ 図表6－3　Eksportfinans

（出所）　Eksportfinans Update April 2014

第6章　社内英語、海外プレゼンに強くなる　■　81

そのほか、たとえば、アマゾンのスライドはシンプルながらやや雑なつくりの印象、グーグルもそのコーポレートイメージとは異なり普通のスライド。米系では特に、決算スライドは奇をてらうことなく、シンプルに伝える、という傾向が強い印象がある。
　残念なスライドとしては、たとえば、金融では、ブラックストーンのスライドは細かい文章がダラダラ羅列されている印象がある。Fifth Third、サントラスト、PNCといった米国地銀系は、フォントサイズが小さすぎるため、細かくて見にくいスライドに。ソシエテ・ジェネラルやクレディ・アグリコルなどフランス系金融は良くも悪くも特徴のないスライドが多いという印象がある。

◉スライド、レポートは名刺同様常に持ち歩く
　海外や外国人相手のビジネスシーンでも、スライドやレポートを常に持ち歩き、いつでも手渡せるように用意する意識を持ちたい。コンパクトなA5

■ 図表6-4　Deutsche Bank

（出所）　Interim Report as of June 30, 2014 Presentation

サイズをノートに挟んでおくのも、クリアファイルに入れておくのでもよいだろう。ただし、ビジネスバッグを膨らまさせるのはNGだ。

● 「なんでもいってこい」を真に受けない
　「こういう点は日系も外資系も変わらないなあ」と思うことも多い。
　たとえば、日系企業の日本人上司同様、外国人上司も口では「意見をなんでもいってこい」といいながら、また、それが客観的でロジカルな意見であっても、自分の考えや方針と違えば、嫌われるものだ。
　外国人上司の言葉を真に受けて、また、外資系はなんでも議論すべきと思い込み、社内会議やプレゼンでも常に積極的に発言し、時に上司の方針にも（建設的に）批判し質問していたら、次第に煙たがられ、やがて職場からなくなったというケースは、外資系企業にはよくあることだ。
　だから、社内会議でも社内プレゼンにおいても、「なんでもいってこい」「今日は無礼講だ」「どんな批判でもそれが正しければ私はフェアに評価する」等という言葉を信じてはいけない。そこは日系でも外資系でも変わらない。
　ちなみに、無能で無難な社長や部長ほど、そのポストに長く居続けるケースが多いのも日系も外資系も同じ。目立つようで目立たないようにする。絶妙なポジショニングが日々要求されているのだ。

● 勘違いエイゴを使わない
　英語に関しては、筆者も常に向上させたいと思っているが、気になる点を2つだけ。
　日本人の英語のなかで、少し話せる人ほど、つなぐ言葉として、「and so on」とか、「something like that」、「blah blah blah」などを使う傾向があるが、ネイティブの耳にはくだけすぎたり、弱々しく自信がないような印象を与えているようなので、できるだけ使わないようにしたほうがよい。
　また、日本のメディアでは「ブラック企業」とか「ブラック顧客」といっ

た言葉が氾濫しているが、国際社会では誤解を招きかねないタブーな表現であることは、肝に銘じておこう。理由はあらためて説明する必要はないだろう。

● エビデンス（根拠）を明確にする

　エビデンス（根拠）を明確にする。これは本来、日本でも海外でも同様に求められるものだが、やはり、日本人や日本国内では通じるものの、グローバルには通じず、背景説明や根拠を示す必要に迫られるケースがある。シンクロジカル。常に定性的だけでなく定量的に考える。ロジカルに、数字や証拠で説明する。以下にあげる2つの事例が示すように、企業リリース、統計データ、根拠法、過去事例、経営陣のコメントなど具体的証拠がなければ、仮に正しい意見や主張であっても、単なる希望的観測や希望的主張とみなされてしまう。

〈ケース1〉 メインバンクは助けるか否か

　日本を代表する電機メーカーが大赤字となり、このままではデフォルトも発生するのでは、とささやかれていた2012年の夏。私は社内の審査会議に出席した。A社は潰れるか否か、保有するA社の株式や債券を売却すべきか否か、という切迫した生々しい会議だ。

　筆者の主張は、「潰れるはずがない」だった。「A社は大赤字で財務的にも経営戦略も危機的でかつ不透明ながら」、「日本ではメインバンク制があるので最後は助かる」というのが根拠だった。事実、その後A社は完全復活したとはいえないが、少なくとも潰れていないし、デフォルトも起こしていない。私の主張は正しかった。

　しかし、当時の社内審査会議では、私の意見は採用されなかった。なぜか。「根拠がない」「ロジカルでない」「具体的エビデンスがない」がその理由で、米国NY本社も、東京の外人上司も、アジア人同僚もまったく取り合ってくれなくて、忸怩たる思いをしたものだ。

外人上司 メインバンクが助ける？ なぜ？ 経済合理性がない。彼らもリスクを負う。株主に説明がつかない。

私 日本では、メインバンクが信用を重んじ、不振企業を簡単には見捨てない。

外人上司 信用も大事だが、破綻したらメインバンクにも実損が出る、どうリスクヘッジするんだ？

私 そうならないように、この先も資金・資本援助するはずだ。

外人上司 クレージーだ。理解できない。

私 ドイツのメインバンク制度をイメージしてはどうだろう。同じように日本でも企業と銀行の関係は強固で簡単に見放さない。

外人上司 ドイツも昔はそうかもしれないが、いまは変化してきている。また、日本はJALのケースはどうなんだ。メインバンクがあり、基幹産業であり、大企業なのに破綻したじゃないか。

私 いや、あれは例外で……。

外人上司 ロジカルじゃない。なぜ、航空会社はダメでA社は大丈夫といえる？ そもそも、メインバンクがA社を助けるというエビデンスはどこにある？ 企業リリースはあるのか、公式コメントはあるのか？

私 それはない。しかし、メインバンクはサポートするはずだ。

外人上司 ダメだ。エビデンスがなければ、根拠なき主張にすぎない。

● 郷に入れば郷に従え

〈ケース2〉 **ドル債を出していない銀行はいらない**

　米国の債券投資家に邦銀のドル建て社債をプレゼンするツアー機会があった。東海岸では、米国本社の米国人セールスK氏が同行していた。最初のヘッジファンド向けプレゼンが終わり、2件目の大手米系生保へ向かう道中のことだ。

K氏 B信託銀行の説明はいらない。混乱するのでスライドからはずしては

どうか。

私　え、どうして？　B信託は大手銀行だよ。

K氏　日本ではB信託は大手行かもしれないが、われわれの世界では、ドル債を出している銀行が、日本の大手行だ。

　確かに、B信託は当時、ドル債を出していなかった。名前がメガバンクの1つと似ていて混同するという点、スライド上の登場銘柄を減らしシンプルにするという点でも、彼のアドバイスは的確な判断だったと感謝している。

　日本で機関投資家向けにプレゼンをする際、どうしても、大手行というグループで話してしまうが、確かに、米国のドル建て社債で投資する投資家にとっては、ドル債を出さない銀行は関係ないのかもしれない。既成概念にとらわれず、郷に入れば郷に従え。日本語版スライドは引続き変えないものの、次回の英語版のスライドからはB信託は消えた。

　ケース2のように、海外でのプレゼンや外国人向け面談では、日本仕様と同じスライドやプレゼンが必ずしも有効でない場合がある。同僚や顧客の指摘やアドバイスもふまえ、臨機応変に代えることでより良いスライドやプレゼンにアップデートしたい。

● 7つのキーワード

　外資系金融機関で学び働くなかで得た、7つのキーワードがある。
「ノー・フリーランチ」「ノー・エクスキューズ」「ノー・グレーゾーン」「シンク・ロジカル」「メイク・ビジネス」「メイク・マネー」、そして「クイック、クイック、クイック」の7つだ。

　「ノー・フリーランチ」とは、モノやサービスには必ずコストがかかっており、タダは存在しない。必ず値段がある。タダ働きするな。情報提供や接待だけではダメだということだ。

　「ノー・エクスキューズ」とは、仕事において責任を持ち、言い訳をしない。言い訳のための仕事をしない。上司のリクエストにノーといわないこと

だ。外資系金融機関に勤めていて、「ここはいいなあ」と思うのは、ノー・エクスキューズ。言い訳がない、仕事のための仕事がないことも魅力である。

「ノー・グレーゾーン」は、白黒はっきりさせる。法令を遵守する、コンプライアンスを遵守する、社内ルールを守るということだ。当然だと思うが、できていない企業や組織は多い。

「シンク・ロジカル」とは、感情的、恣意的にならず、常にロジカルに考え、判断すること。これは、公平性や透明性の確保にもつながる。さまざまなバックグラウンドのメンバーで構成される組織であればなおさらだ。合理的に考える。前述したエビデンスを明確にすることも含まれよう。

「メイク・ビジネス」「メイク・マネー」は、仕事をつくる、収益をつくりだすこと。前例がない、実績がないならば、自ら新しいビジネスモデルをつくり、創業者利益・先行利益を得よう。収益を常に意識して物事を考える習慣が付いたのはまさに外資系金融機関での仕事のおかげだ。

また、半期または4Qごとに社内向けに開かれるオフサイトミーティング。マネジメントが足元の業績や今後の経営方針について直接社員に語る重要な場だ。各自が直接、業績や業務の方向性を知り共有する、質問する場で

■図表6-5　7つのキーワード

7つのキーワード	7つのキーワード
ノー・フリーランチ	タダはない
ノー・エクスキューズ	言い訳なし
ノー・グレーゾーン	ルール遵守
シンク・ロジカル	論理的に
メイク・ビジネス	ママゴトでなく
メイク・マネー	収益を生む
クイック、クイック、クイック	スピード感
常に言葉にする	常に心に刻む

（出所）　筆者作成

あり、数値目標への意識を高め、収益への意識を認識するうえでも大切な場といえよう。

「クイック、クイック、クイック」。スピード感を持って、すぐやる。スピードを常に意識する。スピードと正確性を併せ持つ、信頼性につながる。外資系金融機関の醍醐味は、やはり仕事にスピード感があるということだ。すぐやる姿勢は日本企業も見習いたい。

コラム　苦境から学ぶ

　シャープやパナソニック、ソニーといった日本を代表する電機メーカーが著しい業績の悪化に見舞われ、かつての輝きを失って久しい。足元、円安や相次ぐリストラで業績は回復しているところもあるが、いまだ視界は良好ではないといえる。

　こんなときこそ、マネジメントに加え、メディアや投資家と向い合うIR・広報によるプレゼンは以前にも増して重要なわけだが、どうも対応のつたなさが目につく。

　先般、証券会社でアナリストをしている大学時代の同期が、ある大手電機メーカーに面談を申し込むべく担当部署に電話をした。

　ところが、その対応が驚くほど横柄で、敵対する相手に応対するかのように感じが悪かったという。別の大手電機メーカーも同様の対応だったそうだし、同じような話はメディアの方からも聞くから、これは特別な話ではなさそうである。

　急激な業績悪化による市場の厳しい洗礼にさらされた業界が、ある意味守りのIRやプレゼンを不得手としている一因は、取材する側のアナリストやメディアが、これまで一貫して彼らをチヤホヤしてきたことにもあるように思われる。

　そう思ったのは、同じ大学同期から銀行IRやプレゼンの卓抜さについても聞いたからだ。

　特に現在のみずほFG、MUFG、SMFGといった大手行は、90年代から2000

年代初めまでの不良債権問題や金融危機を通じて、メディアやアナリスト、そして世間から厳しいバッシングを受けてきた。

　それまでの好業績から一転して危機に陥ったのだから、当時は銀行のIRも稚拙だったのかもしれない。しかし、非難を浴びるなかで、広報マンとして鍛えられ、よりわかりやすいプレゼンに情報開示やIR資料の作成、真摯な質問応対、定期的な投資家訪問など、きめこまかなIRへと「進化」していったという。

　不良債権問題や金融危機時にアナリストやメディアからこれら大手行に取材や電話が殺到したことは想像にむずかしくない。しかし、この過程で、大手行の広報マンたちは、投資家やメディアとの対話の大切さを、まさに身をもって経験した。当時の経験やノウハウが、今日の銀行のIRやプレゼンに生かされているということだろう。

　「各々の銀行に同様の苦難とドラマがあり、その経験が今日のIRの礎になっていると感じる」と先の大学同期も言っていた。

　あれから20年以上の時を経て、いままさに不振に陥った電機セクターのビジネスマンに同じ命題が課されている。不振の時こそIRやプレゼンの真価が問われる。今日の経験が後々に生かされることを期待したい。

外資系金融のシンプルプレゼン術

平成27年4月30日　第1刷発行

著　者　剣　崎　優　人
発行者　小　田　　　徹
印刷所　株式会社日本制作センター

〒160-8520　東京都新宿区南元町19
発 行 所　一般社団法人 金融財政事情研究会
　　　　編集部　TEL 03(3355)2251　FAX 03(3357)7416
販　　売　株式会社きんざい
　　　　販売受付　TEL 03(3358)2891　FAX 03(3358)0037
　　　　URL http://www.kinzai.jp/

・本書の内容の一部あるいは全部を無断で複写・複製・転訳載すること、および磁気または光記録媒体、コンピュータネットワーク上等へ入力することは、法律で認められた場合を除き、著作者および出版社の権利の侵害となります。
・落丁・乱丁本はお取替えいたします。定価はカバーに表示してあります。

ISBN978-4-322-12664-8